ブロックチェーン革命［新版］

分散自律型社会の出現

野口悠紀雄

日経ビジネス人文庫

Not within a thousand years would man ever fly.
Wilbur Wright

これから1000年たっても、
人類が空を飛ぶことはできないだろう。
ウィルバー・ライト

はじめに

人が新しい技術に出会ったときの反応は、それがどんなものであれ、つぎの3つの段階を経る。

第1段階。こんなものはまやかしだ。こんな凄いことができるのなら、世界はひっくり返ってしまう。だから、これはインチキでペテンだ。悪質な詐欺かもしれない。誰かが、ひと儲けを企んでいるのだろう。引っかかったら、後で大変な目にあう。クワバラ、クワバラ。賢い人は、こんなものには手を出さない。

第2段階。ひょっとすると、何か大変なことが起きているのかもしれない。うまく対応しないと、後れをとる。気の早い連中はすでに走り出しているから、私もじっとしてはいられない。しかし、この得体の知れないものは、一体何なのだ?

第3段階。このすばらしい技術は世界を変えた。私が最初から考えていたとおりだ。

1903年、アメリカ・ノースカロライナ州のキティホークで、ウィルバーとオーヴィルのライト兄弟が動力飛行機の初飛行に成功した。本書冒頭のエピグラフに引用したのは、その2年前の01年、キティホークからデイトンに帰る列車の中で、ウィルバーが弟のオーヴィルに言った言葉である。[1]飛行機の場合、第1段階においては、開発者自身ですら弱音を吐いていたのだ。

それも当然。飛行機はあまりに画期的な技術だったので、飛行実験が成功した後でさえ、人々はこのニュースを信用しなかった。大学教授をはじめとする科学者たちは、「機械が飛ぶことは科学的に不可能である」というコメントや論文を発表した。

インターネットについていえば、90年代の初めが第1段階だった。地球のどこにでもほぼ無料で情報を送れるというが、そんなことが実際にできれば世界はひっくり返ってしまう。だからそんなことは起こり得ない。人々はそう考えた。クリフォード・ストールは、『インターネットはからっぽの洞窟』（草思社、97年。原書は95年刊行）の中で、インターネットが実用になることなどあり得ないとして、いくつもの証拠を挙げている。

90年代の末から２０００年代の初めに、インターネットは第2段階に入った（95年にインターネットは日本で流行語大賞を獲得した）。現在は第3段階だ。社会は実際にひっくり返った。

ブロックチェーンやビットコインについて言うと、ついこの間まで第1段階だった。

この段階において、ビットコインがなぜまやかしかについて、飛行機がなぜ飛べないかという論証と同様に、さまざまな科学的解説がなされた。

最も分かりやすいのは、「中央銀行のような管理主体がなければ、通貨は機能し得ない」というものだ。「ところで、ビットコインには管理主体がない。したがって、それは機能し得ない」という論理である。

コンピューター・サイエンスを勉強した人であれば、つぎのように説明しただろう。「互いに信頼できない人々が形成するコンピューター・ネットワークが機能し得ないことは、『ビザンチン将軍問題』として知られている。この問題を解決する方法は存在しない。したがって、ビットコインの仕組みは成立し得ない」。

ブロックチェーンが第1段階にあった2014年の2月20日、私は、「ビットコインは社会革命である。どう評価するにせよ、まず正確に理解しよう」という連載を『ダイヤモンドオンライン』で開始した。

その直後の2月23日、ビットコインの取引所であるマウントゴックスが破綻した。

多くの大新聞が1面トップで、「ビットコインは破綻した」と報道した。この数日後、ある人は、ニヤニヤしながら現れ、「やっぱりビットコインは偽物でしたね」と得意顔で言った。私はビットコインは死んでいないと説明したのだが、納得してくれなかった。

よくよく考えれば分かるように、この記事を書いた人たち、そしてそれを信じた人たちは、「ビットコインを盗んだ人は合理的でない行動をした」としているのである。なぜなら、合理的な泥棒は、価値がないものは盗まないからだ。より正確にいえば、「盗むことによって価値がなくなってしまうようなもの」は盗まない。これは、私が「泥棒の基本法則」と名付けているものである。ビットコインを盗んだ人は、「ビットコインを盗んだところで、ビットコインは破綻することはなく、したがってその価値には何の影響もない」と知っていたから盗んだのだ。言い換えれば、マウントゴックス事件は、ビットコインの脆弱性を示したのではなく、その強靭性を示したのである。

ともあれ、この事件以降、何人もの友人たちから、「アベノミクスの批判をするのは構わないが、ビットコインのようないかがわしいものに関わっていると信頼を落とす。ぜひやめるべきだ」と忠告を受けた。

実際、私は胡散臭い目で見られていたようだ。その証拠に、ある週刊誌の記者から、「破綻したビットコインを、破綻していないとあなたが言うのは、関連事業に投資をしているからだろう」と探られた（このことがあったので、利害関係者との疑いを持たれないよう、私は未だにビットコインを保有していない）。その週刊誌の目次タイトルは、私が「（ビットコイン破綻について）言い訳をしている」というものであった。

比較的最近のことだが、ある大新聞のインタビューがあった。やっとブロックチェーンの重要性を認識してくれたかと、喜び勇んで長々と説明したが、記事には、私がブロックチェーンの将来性について「真顔で語った」とあった。

否定的な評価は、外国でも同じだった。JPモルガン・チェースのCEOであるジェイミー・ダイモンは、ビットコインは、17世紀のオランダで起こったチューリップ球根バブルのようなものだと嘲笑した。投資銀行のゴールドマン・サックスは、14年3月の報告書で、「ビットコインは通貨ではない。その信奉者は頭を冷やして出直すべきだ」とした[2]。

ところが、この2年の間に、世界は大きく変わってしまったのだ。

『仮想通貨革命[3]』を書いたときに、「現在では夢のような話にすぎない」として紹介したことが、いまは実際に動いている(これは、「ビットコイン2・0」とか「ブロックチェーン2・0」といわれるものである。これについては、本書の第8章、第9章で説明している)。変化は予想以上に急速だ。

ブロックチェーン導入の取り組みが進んでいるとのニュースが外国から入ってくるため、日本でも、この1年程度の間に、状況が大きく変わった。特に金融業では、この技術の導入に向かって雪崩現象が起きている。日本も第2段階に入ったようだ。「黒船」と言うのはあまりに言い古された表現だが、「黒船が水平線上に姿を現し、太平の眠りを覚まそうとしている」と人々が認識し始めたのは間違いない(黒船というよりは、宇宙のどこかからやってきたエイリアンに譬えるほうが適切だと、私は思っている)。

ただ、社会全体の認識はまだ低い。当然のことだが、あまりに革新的なので、理解されていない。つまり、まだ第3段階には至っていない。

また、第2段階に特有の現象として、混同がある。

いま金融の世界では、フィンテックと呼ばれる技術革新が話題を集めている。これは、第4章で説明するように、モバイル決済や、インターネットを通じた資金調達などの新しいサービスだ。日本では、フィンテックに対する関心は、異常ともいえるほど高まっており、「フィンテック」という言葉は流行語になっている。

金融の世界に大きな変化が起きているのは事実だ。しかし、さまざまなものが同時に進行しているので、どれが重要でどれが重要でないかが、識別されていない。具体的には、在来技術型のフィンテックと、ブロックチェーン技術利用型のフィンテックがまったく異なる次元のものであることが、正しく理解されていない。革命を起こすのは、前者ではなく、後者だ（この区別については、第1章の4で述べる）。

私は、ブロックチェーン以外のフィンテックを否定するものではない。それらは、生活を便利にするだろう。しかし、それらは、パラダイムの変革をもたらすような技術革新ではないのだ。

また、ブロックチェーンには、2つの異質なものがある（第3章の2で説明するパブリック・ブロックチェーンとプライベート・ブロックチェーン）。これらの間には大きな違いがあるのだが、そのことは、ほとんど意識されていない。

私は、『仮想通貨革命』の「はじめに」で、「これは反乱ではありませぬ。これは革命です」という言葉を引用した（フランス革命が勃発したその日に、リアンクール公爵がルイ16世に向かって言った言葉）。

飛行機が革命であったように、そしてインターネットが革命であったように、ブロックチェーンも革命だ。それはパラダイムの変革をもたらす。つまり、世の中をひっくり返す。

ただし、フランス革命がそうであったように、革命が始まった段階では、それが社会を良い方向に持っていくのか、悪い方向に持っていくのかは、分からない。飛行機は、地球上のどこにでも短時間で到達できることを可能にした半面で、初飛行から10年少々しかたたぬ第一次世界大戦においてすでに、強力な兵器として利用されていた。

インターネットは社会を変え、経済をリードする主役の交代をもたらした。しかし、当初予想されたように社会がフラット化することはなく、少数の大企業が世界を支配するようになった。

なぜこうなったのか？　この問題は、終章で論じられる。最も本質的な理由は、インターネットの世界では、何が正しいデータかを確かめることが容易でなかったために、小組織や個人が信頼を確立することができなかったからだと、私は思う。組織が大きいことが人々の信頼の基礎になったのだ。

ところが、ブロックチェーンは、組織に頼らずに、何が正しいかを立証することを可能とした。それが実現することにより、社会が大きく変わる。

そうなれば、組織に頼らずに、個人の力を発揮できる社会が実現する。経済活動の効率が上がるだけでなく、組織のあり方が変わり、人々の働き方が変わる。そして、人々が直接に連絡し、取引する社会が実現する。

しかし、正反対の可能性もある。銀行などの大組織が、プライベート・ブロックチェーンを利用して、効率性を高める可能性だ。この場合には、信頼はブロックチェーンが確立するのでなく、組織が保証することになる。したがって、大組織が社会を支配する構造が続く。

通貨についていえば、この方向の極限は、中央銀行が仮想通貨を発行して経済をコントロールする体制だ。それは、ジョージ・オーウェルが小説『1984年』で描いたビッグ・ブラザーの世界だ。この問題は、第5章の4で論じている。

つまり、ブロックチェーンが引き起こす社会変化として、大きく異なる2つのものがあり得るわけだ。どちらが実現するかは、これから決まる。われわれは、いま大きな岐路に立っている。変化の方向に影響を与えるためには、正しい理解が必要だ。

本書は、このような問題意識から書かれている。そのため、ブロックチェーンの技術面についての説明にとどまることなく、それが具体的にどのように利用されるかを説明している。金融以外の用途についても詳しく取り上げる。そして、ブロックチェーンが社会構造に与える影響を強調している。

＊＊＊

本書には、『ダイヤモンドオンライン』『週刊ダイヤモンド』に掲載した記事をもとにしている部分がある。利用を許可してくださったダイヤモンド社の方々に御礼申し上げたい。

本書は、企画の段階から、日本経済新聞出版社エディター田口恒雄氏にお世話になり、草稿の段階から有益なコメントをいただいた。御礼申し上げたい。

２０１７年１月

野口悠紀雄

ブロックチェーン革命［新版］ 分散自律型社会の出現 ◉ 目次

図表目次

ブロックチェーン革命〔新版〕

分散自律型社会の出現

序章

ブロックチェーンが地殻変動を引き起こす

ブロックチェーン技術が引き起こす社会変動はあまりに根源的なものであるため、全体像をつかみにくい。この章の目的は、それを明らかにすることだ。

ブロックチェーンは、これまでの情報技術とどこが違うのか？　何ができるのか？　変化の本質は何か？　それは社会をどう変えるのか？　こうした問題について、簡単なスケッチを描いておこう。

人や組織を信頼しなくても安心して取引ができる trustless system

ブロックチェーンとは、電子的な情報を記録する新しい仕組みである。[1]

重要なのは、つぎの2点だ。第1は、管理者が存在せず、自主的に集まったコンピューターが運営しているにもかかわらず、行なっている事業が信頼できることだ。第2は、そこに記された記録が改竄できないことである。

ブロックチェーンに関する文献で、しばしば trustless system という言葉が登場する。これは、「信頼できないシステム」という意味ではなく、「個人や組織を信頼しなくても安心して取引ができるシステム」という意味だ（trustless trust system という言葉が用いられることもある。こちらのほうが正確だ）。

このようなシステムは、ブロックチェーンによってはじめて可能になった。それは、大変大きな変化だ。

これまで、経済取引は、相手を信頼しないと成り立たないと考えられていた。このため、どんな事業でも、必ず管理者がいた。その人が事業のすべてについて責任を持つ。管理者を信頼できると考えられれば、人々はその事業を信頼できると考えて、取引しようとする。単に人々が集まっているだけでは、問題が生じたとき、誰を相手に交渉したらよいか分からない。そのような組織とは、人々は取引しようとしなかった。

ところが、ブロックチェーンを用いた事業では、事業の進め方はプロトコルとして定めてある（「プロトコル」とは、コンピューターが従うべき手順の規則集）。コンピューターは、それにしたがって情報を処理する。したがって、管理者が存在しないにもかかわらず、信頼できるのである。これは、それまでの常識を完全に打ち破るものだ。多くの人々が「ビットコインは怪しげなものだ」と考えたのは、この発明があまりに革命的だったからだ。

電子的なデータは、簡単に書き換えることができる。このため、あるデータが正しいデータかどうかを確かめられない。たとえば、提出された書類が電子的な形態のものであると、それが正本なのか、書き換えられたものかを判断できない。

紙の書類で印が押してあれば（あるいはサインされていれば）、正しいものだと認められる。しかし、デジタルな文章を電子メールで送っても、普通は信頼してもらえない。このため、電子的な手段だけで取引を完結するのは難しい。

ところが、ブロックチェーンにいったん書き込まれたデータは、書き換えることが（事実上）不可能なのである。このため、そこに書き込まれているのは正しいデータだ。

ブロックチェーンが登場するまで、信頼性をチェックされていない人々が集まって信頼が必要とされる事業を運営するのは、不可能と考えられていた。これは、コンピューター・サイエンスにおいて、「ビザンチン将軍問題」として知られていたものだ（これについては、第1章の1で説明している）。

その問題が、ブロックチェーンによって解決された。コンピューター・サイエンスにおける画期的なブレイクスルーだ。これは、きわめて巧みな仕組みによって実現されている。この仕組みがどんなものかは、第1章の1と2で説明する。なお、第3章の2で述べる「プライベート・ブロックチェーン」は、以上で述べたようなものではない。管理者が存在し、取引に当たっては、その管理者を信頼する必要がある。

経済的価値をインターネットで送ることができる

従来のインターネットでできなかったことが、2つある。第1は、貨幣など経済的に価値あるものを送ること。そして第2は、信頼性を確立することだ。これらがブロックチェーン技術で克服されることによって、経済活動や社会の構造が非常に大きく変わる。もう少し具体的にいうと、つぎのとおりだ。

第1に、ブロックチェーンを用いることによって、貨幣などの経済的価値をインターネットで送ることができるようになった。

こういうと、「現在でもそれは可能だ」という反論が返ってくるだろう。確かに、たとえばアマゾンで書籍を購入する場合、インターネットでクレジットカードの番号をアマゾンに伝えれば、それで送金ができる。

しかし、ここにはつぎのような問題があるのだ。

第1に、送金する相手が信頼を確立している必要がある。

私たちは、相手がアマゾンだからあまり心配せずにクレジットカードの番号を伝えているが、名前を聞いたこともないようなサイトであれば、番号を伝えたりしないだろう。番号を悪用されるかもしれないからだ。

また、アマゾンと通信しているつもりでも、相手は、もしかするとアマゾンのなりすましかもしれない。この問題に対処するために、現在では「SSL認証」という仕組みが導入されている。この認証を得ている相手（ページのアドレスの最初が、http://でなく、https://になっているサイト）であれば、なりすましではないことが保証されている。また、通信は暗号化されていて、途中で盗み見や改竄がないことも保証されている。[注]しかし、SSL認証を得るには、かなりのコストがかかる。

第2に、クレジットカードを用いる送金には、コストがかかる。

送金者は直接にコストを負担しないので、これを意識しない。しかし、店舗からみれば、負担だ。アマゾンのような大手業者ならあまり問題にならないが、零細サイトでは重い負担になる。利益のすべてを、送金決済手数料として取られてしまうような事態になる。これがいかに重い負担かは、零細業者でないと分からない。

ところが、ブロックチェーンを用いれば、インターネットを通じて、低いコストで経済的な価値を送ることができるのだ。

インターネットは、本質的に「安いけれども信頼はできない」通信システムなのである。だから、それを用いて経済的価値を送れないのは、当然のことなのだ。高いコストをかけて無理やりに送っていた、というだけのことだ。

これが変わるのは、非常に大きな変化だ。これまでは、取引はできても送金・決済ができなかった。ブロックチェーンの利用によって、それができるようになる。これによって、世界的な分業体制は一挙に大きく変わるだろう。

これまでのインターネットが「情報のインターネット」だったのに対して、ブロックチェーンが「経済的価値のインターネット」だといわれる理由が、以上で述べたことだ。これが、本書の第2章から第5章において説明されることである。

（注）認証を与える認証局は、ピラミッド構成になっている。最上位に「ルート認証局」があり、それ以外の認証局は、上位の認証局から証明書を発行してもらうことによって、自らの正当性を証明する。最上位のルート認証局がブラウザに登録されていれば、それより下位の認証局から証明書を受けたサイトも正当なものとみなされる。それ以外のサイトは、ブラウザを開いたときに警告書がブラウザに出る。詳細は、『仮想通貨革命』補論を参照。

社会を構成する新しい方式が見出された

以上で述べたことは、きわめて重要だ。それは、人間が社会を構成する新しい方式を見出したことを意味するからである。

普通の人間は、ロビンソン・クルーソーのように孤立して生活することはできない。したがって、多くの人が仕事を分担し、共同で事業を進め、取引をする。つまり、社会を形成する。

これまで、社会を形成するのに、2つの基本的な方法があった。第1は、計画と統制によって行なうこと。第2は、マーケットにおける取引を基本として社会を構築することだ。

賢人政治は、第1の仕組みの理想形だ。知力と徳に優れた1人または複数の人が指導者となり、社会を構成する各人の仕事の分担を決め、それを割り当てる。生産されたものの配分も、指導者が決める。

実際には、こうした賢人は存在しないので、計画・統制システムは、独裁権力者による強制政治になる。かつてのソビエト連邦がその例だ。中央計画当局が生産計画を立てて仕事の分担と配分を決める。

しかし、このシステムは機能し得なかった。ソ連をはじめとする社会主義経済国家は機能不全に陥り、1990年代の初めに崩壊した。人類は巨大な犠牲を払って、計画・統制のシステムは機能し得ないことを学んだのである。

したがって、社会を形成する現実的な方法としては、第2の方法、つまり、マーケットを基本とする方法によらざるを得ない。

アダム・スミスが描いた経済システムは、まさにこうしたものであった。ここには、中央の管理者は存在しない。第1のシステムで中心的な役割をはたす賢人も、独裁権力者も存在しないのである。

社会を構成する人々は、各々が最も適切だと思う方法で、自ら望むところに従って行動し、他の人と取引する。そして、必要に応じて仕事を分業する。これらの取引は、マーケットを通じて行なわれる。その結果、分配が決定される。政治的な指導者はいるが、彼らは選挙で選ばれる。これもある種の市場取引だ。

経済学者は、このような仕組みによってしか社会を構築することはできないと考えてきた。そして、このような仕組みの社会は、つぎのアダム・スミスの言葉が語るように、望ましい性質を持っていると考えたのである。

「彼自身の利益を追求してゆくと、彼は、おのずから、というよりもむしろ必然的に、その社会にとって、もっとも有利な資本の使い方を選ぶ結果になる」「自分自身の利得のため（に産業を運営することによって）……見えざる手に導かれて、……自分では意図していなかった一目的を促進することになる」（大内兵衛・松川七郎訳『諸国民の富』岩波文庫、第4篇、第2章）。

ところが、現実の世界は、アダム・スミスが描いた世界とは大きく異なるものだ。産業化が進み、経済活動が大規模化、複雑化してくると、その違いがますます大きくなった。

特に大きな問題が2つあった。第1は、情報のやり取りにコストがかかること。第2は、経済活動の範囲が狭い地域社会から拡大すると、信頼の確立が難しくなることである。

このうち、情報をやり取りするコストについては、インターネットによって大きく条件が変化した。しかし、インターネットを通じて経済的な価値を送ることは、できなかった。そして、第2の問題である信頼性の確立については、ますます困難になった。

ところが、以上で述べたように、ブロックチェーン技術によって、この2つに関する条件が大きく変わったのである。インターネットを通じて経済的な価値を送ることができるようになり、インターネットの世界で信頼性を確立することが可能になった。

したがって、先に述べた第2の方法（マーケットを基本とする方法）によって社会を構成できる可能性が高まったのである。人間は、社会を構成する新しい方式を獲得したのだ。

　このことの具体的な意味については、後の章で述べる（第5章の2で、「アダム・スミス的世界」という概念を提唱する。また、終章の1と2で「フラットで信頼を必要としない社会」について述べる）。

ビットコインから銀行の仮想通貨へ。そして証券へ

　第2章で述べるように、ブロックチェーンは、最初にビットコインなどの仮想通貨の基礎技術として用いられ、うまく機能することが分かった。中央管理機関が存在しなくとも、ブロックチェーンを用いることによって、通貨の取引を、高い信頼性で実行できることが立証されたのだ。ビットコインがインターネット上に現れたのは2009年のことだが、その後、多数の仮想通貨が誕生している。

　さらに、ブロックチェーンの応用範囲は仮想通貨にとどまらないことが分かり、さまざまな対象に対して適用が試みられることとなった。

　その最初のものは、銀行による利用だ。日本のメガバンク、シティバンク、UBS、ニューヨーク・メロン銀行など、多くの大手金融機関が、ブロックチェーン技術を送金サービスに用いるための実験に取り組んでいる。また、銀行業務の基幹シ

ステムである勘定系に適用するための実証実験も行なわれている。銀行業界は、ブロックチェーンを、ビジネスプロセスを劇的に効率化するための未だかつてない強力な武器と捉えている。こうした取り組みについては、第3章で述べる。

ブロックチェーンの適用対象は、通貨に限られない。つぎに、証券業務への導入が試みられている。アメリカの証券取引所ナスダック（NASDAQ）は、未公開株取引システムの実証実験を行ない、成功した。ニューヨーク証券取引所なども同様の実験に取り組んでいる。日本証券取引所グループも、実証実験に成功したとの報告書を発表した。証券取引の清算・決済の分野で、ブロックチェーンが効率化を実現するだろうと考えられている。

ブロックチェーン技術の適用対象は、さらに、保険やデリバティブなどにも拡張されようとしている。

金融業が大きく変わる

金融業は、もともと広義の情報産業の一つだ。したがって、情報技術によって大きな変化が生じるのは、ごく当然のことだ。これまで金融業に大きな技術的変化が生じなかったのは、金融業が強く規制された産業であり、とりわけ参入規制が厳しかったからだ。このため、新しい技術を導入して業務を効率化するインセンティブが十分に働かなかったと考えられる。

ブロックチェーンの導入は、金融業の基本構造にきわめて大きなインパクトを与える。この問題は、本書の第5章で論じている。

現在、金融業で行なわれている業務の多くは、情報の仲介だ。これがブロックチェーンに代替されれば、中間者が不要になるので、コストが低下する。これによって、金融業の姿は大きく変わるだろう。銀行や証券会社が現在行なっている業務の多くが、ブロックチェーンによって代替されて、消滅するかもしれない。

それだけではなく、仮想通貨独自の経済圏が形成されるかもしれない。そうなれば、金融政策のあり方にも影響が及ぶ。また、課税が難しくなるかもしれない。

なお、金融分野に変化をもたらすものとして、最近、「フィンテック」(FinTech)ということがいわれる。これは金融サービスに情報技術を応用しようというものだ。ブロックチェーンもフィンテックの一部と考えられている。しかし、第1章の4で指摘するように、ブロックチェーンとその他のフィンテック技術の間には、大きな差がある。本当に重要な変革をもたらすのは、ブロックチェーンだ。

ブロックチェーンはまた、「何が正しいデータであるか」をすべての人が知るためのプラットフォームとしての側面を持っている。ブロックチェーンのこの機能を利用して、インターネットの世界における真正性の証明や事実の認定を行なおうとする試みが進められている。

具体的には、土地登記をはじめとする公的な登記や登録への活用だ。いくつかの国で、すでに実施されたり実験が行なわれたりしている。また、宝石、貴金属、ブランド品などの購入履歴のトラッキングにも応用が可能だ。これらについては、第6章で述べる。

スマートコントラクトの実行とIoTへの応用

ブロックチェーンがインターネットの世界でできるもう一つのことは、スマートコントラクトの実行である。

「スマートコントラクト」とは、コンピューターが理解できる形で書くことができる契約である。人間の判断を要せず、あらかじめ決められたルールにしたがって自動的に実行できる契約だ（こうした契約は「ドライな契約」と呼ばれることもある）。

金融取引は数字で表されるので、その他のサービスのように品質などに関する主観的評価があまり必要ない。したがって、スマートコントラクトになじみやすいのである。ブロックチェーンの応用がまず金融業界で進んだのは、このためだ。しかし、金融だけでなく、さまざまな対象に応用することが可能である。

第7章で述べるように、スマートコントラクトの実行に向けてのさまざまな試みが行なわれている。実物財の取引への拡張は、「スマートプロパティ」と呼ばれることもある。これによって、たとえば、レンタカーの賃貸も簡単になる。一定の時間だけ所有権が移るような契約にすればよいからだ。

ブロックチェーン技術は、ＩｏＴ（Internet of Things：モノのインターネット）でも重要な技術となる。ＩｏＴとは、さまざまな機器やデバイスをインターネットで接続しようとする試みだ。日本でもＩｏＴに対する関心が高まっている。

しかし、ここには、運営コストの問題がある。これまでのＩｏＴの対象は、電力システムの管理など、運営コストがかさんでもかまわない付加価値の高い活動が中心であった。しかし、ホームオートメーションのような分野にＩｏＴを導入しようとすれば、運営コストが高くては実用にならない。

現在考えられているＩｏＴシステムの多くは、センサーから得られる情報をクラウドに送信し、そこで中央集権的にコントロールするものだ。しかし、このような方法では将来、コスト面で限界が出てくるだろう。そこで、ブロックチェーンを用いてシステムを運用することによって、コストを引き下げるアイデアが提案されている。

IoTの普及には、ブロックチェーン技術の応用が不可欠だ。この問題は、第7章で述べる。

経営者のいない組織が動き出している

ブロックチェーン技術の影響は、以上にとどまらない。さらに広い応用可能性を持ち、社会の仕組みを大きく変えようとしている。

第8章と第9章では、企業組織や政治・行政への適用を紹介する。なお、これら金融以外への応用は、「ブロックチェーン2・0」と呼ばれることもある。

まず、企業の経営を、ブロックチェーンを用いて自動的に行なおうというきわめて野心的な構想がある。これは、DAO（Decentralized Autonomous Organization：分散化された自律組織）と呼ばれるものだ。

その結果出来上がる組織は、これまである組織とは、かなり異質のものになる。これについては、第8章で述べる。

DAOは、人を介在させずに自動的にビジネスを行なうための仕組みである。究極的には、ウェブ上のショップはすべてブロックチェーンによって運営される自動運転企業になる可能性がある。少なくとも、既存企業における組織の一部が自動化されるだろう。また、資金の出し手と受け手が直接に結び付き、これまでの形の金融機関を不要にしてしまうかもしれない。

ロボットは、主として人間の肉体労働を代替するものだ。しかし、ブロックチェーンの応用によって、経営者の機能を自動化することが可能になるのだ。

インターネットの世界では信頼性が確立されておらず、そのため現実の世界において大組織の優位性が高まっていた。しかし、DAOの場合には、組織を信頼する必要はなくなる。この問題は、第9章で詳しく論じる。

世界は、ブロックチェーンの潜在力に、いま気付いた

図表0－1には、ブロックチェーンを用いて行なわれている（あるいは提案されている）さまざまなプロジェクトを示す。これらの各々については、各章で説明する。

この1年程度の間に、ブロックチェーンを用いる新しいプロジェクトが、奔流のようにあふれ出している。本書で紹介するのは、それら多数のプロジェクトのうち、広く注目を集めているものだけであり、全体から見ればごく一部にすぎない。

世界はいま、ブロックチェーンという新しい技術の潜在力に気付いた。そしてそれ

名称	事業	本書での説明箇所
Grid Singularity	分散電力市場	第7章の3
Filament	分散電力市場	第7章の3
Slock.it	シェアリングエコノミー	第8章の2
La'zooz	ライドシェアリング	第8章の2
Colony	クラウドソーシング	第8章の2
DigixGlobal	金資産	第8章の2
OpenBazaar	自由市場	第8章の2
Storj	クラウドストーレッジ	第8章の2
Augur	予測市場	第8章の3
Gnosis	予測市場	第8章の3
Openledger	非中央集権型取引所	第8章の4
CrowdJury	オンライン裁判	終章の3
futarchy	政策決定	終章の3
Follow My Vote	投票	終章の3

（注）主としてスタートアップ企業によって行なわれているプロジェクト。この他に銀行や国によるプロジェクトがあるが、ここには示していない。

図表0-1　ブロックチェーンを用いるプロジェクト

名称	事業	本書での説明箇所
Hyperledger Project	ブロックチェーン技術	第3章の2
Lightning Network	ビットコイン送金（マイクロペイメント）	第5章の1
Proof of Existence	文書の存在証明	第6章の2
Factom	文書の存在証明、土地登記	第6章の2
EverLedger	ダイヤモンドの取引履歴のトラッキング	第6章の3
Blockverify	高級品のトラッキング	第6章の3
Provenance	商品の履歴の記録	第6章の3
Chainfy	ブランド品の真贋判定	第6章の3
Ascribe	デジタルコンテンツの証明	第6章の3
オートバックスセブン	中古カー用品売買のプラットフォーム	第6章の3
Assetcha.in	貴重品の加工・流通過程の管理	第6章の3
Midasium	不動産市場での貸借契約	第6章の3
SGED	学習データの記録	第6章の4
Learning is earning	学習データの記録	第6章の4
TransActive Grid	分散電力市場	第7章の3

が、未来のビジネスチャンスの宝庫であることに気付いた。それだけではなく、この技術が社会と経済を根底から変えてしまうことを認識したのだ。これは、インターネットの黎明期と同じような状況だ。

それが用いられる分野も、金融関係だけではなく、IoTやサプライチェーン、そして医療や教育などにも及んでいる。第8章の1で述べるように、プロジェクトの多くはエセリウム（Ethereum）をプラットフォームとしているのだが、そのプロジェクト集のページだけを見ても、すでに300近いプロジェクトが掲載されている。[2] また、新しいプロジェクトを紹介するウェブのページもいくつもある。[3]

これらの中には、もちろん失敗するものもあるだろう。しかし、いくつかのプロジェクトは成功して成長し、われわれの生活と社会のあり方を大きく変えていくに違いない。

問題は、これらの中に日本発のものがほとんど見られないことだ。日本は、世界の潮流からまったく取り残されてしまっている。

第1章 ブロックチェーン革命の到来

いま新しい技術が登場し、社会を大きく変えようとしている。それは、ブロックチェーン技術だ。これは、インターネットが世界を変えたのと同じように、経済社会のあり方を根本から変えるだろう。

ただし、あまりに斬新な技術であるために、そのメカニズムが正確に理解されていない。本章では、ブロックチェーンはいかなる仕組みで運営されているのか、そしてどのような機能を持つかを説明する。

ブロックチェーンとは、公開分散台帳だ。誰もが参加できるコンピューターの集まり（P2P）によって運営され、公開される。データの改竄ができないように、PoWという仕組みが導入される。これにより、組織の信頼に頼らずに、信頼できる事業を運営できる。

1　ブロックチェーンの機能とメカニズム

管理主体なしに取引を記録する

ブロックチェーンとは、公開された台帳で取引などの記録を行なう仕組みである。[1、2、3、4]

その詳細は以下で説明するが、従来型の情報システムと比べると、①記録が公開されること、②分散的な仕組みで運用され、管理者が存在しないこと、③そのため、運営コストが低く、システムがダウンしないこと、④事業主体である組織を信頼する必要がないこと、という特徴がある。

これまで、送金などの経済的取引は、銀行など信頼を確立した機関が管理することで行なわれてきた。ブロックチェーンは、そうした管理主体の代わりに、P2Pと呼ばれるコンピューターのネットワークが、取引の正しさをチェックする。ここで、「P2P」とは、対等な関係にある複数のコンピューターが直接接続しあい、データを送受信するネットワークである(注)。

しかも、後に述べるPoW（Proof of Work）という仕組みによって、記録を事実上改竄できないようにしてある。こうして、改竄されていない唯一の真実としての履歴記録が、P2Pネットワークのどのコンピューターにも存在することになる。この仕組みは管理者が不必要なので、低いコストで運用できる。

これまでは、取引が正当であることを確認するために、多くの組織と多数の人間が関与し、何日も何週間もかけて書類に記録し、それらを照合することによって、処理してきた。しかしそうしたプロセスを経ずに、取引が自動的に認証されるようになる。

これによって、人間がほとんど（あるいはまったく）介在しなくても、取引を実行することが可能になる。ブロックチェーンは、以上の意味で、まったく革新的な技術だ。

（注）P2Pとは、Peer to Peer のこと。Peer とは「対等の者」という意味。ネットワークの文脈では、node と呼ばれることもある。

石に記録を刻むようなもの

ブロックチェーンはあまりに革新的な技術であり、従来の情報管理システムと基本的な発想が違うので、理解が難しい。そこで、正確な説明を行なう前に、やや正確さを欠くが、つぎのようなイメージで従来の電子マネーとの違いを説明してみよう。こうしたイメージを持っていれば、以下の説明が理解しやすくなると思う（図表1−1参照）。

南の2つの島に、2つの王国がある。どちらの国もインターネットが整備されているので、情報の伝達は簡単にできる。

その一つの「電子マネー国」では、王様が巨大なコンピューターを使ってマネーを管理している。王様の執務室は、外部の者が侵入できないよう、厳重に守られてい

図表1-1　電子マネー国（集中システム）とブロックチェーン国（分散システム）

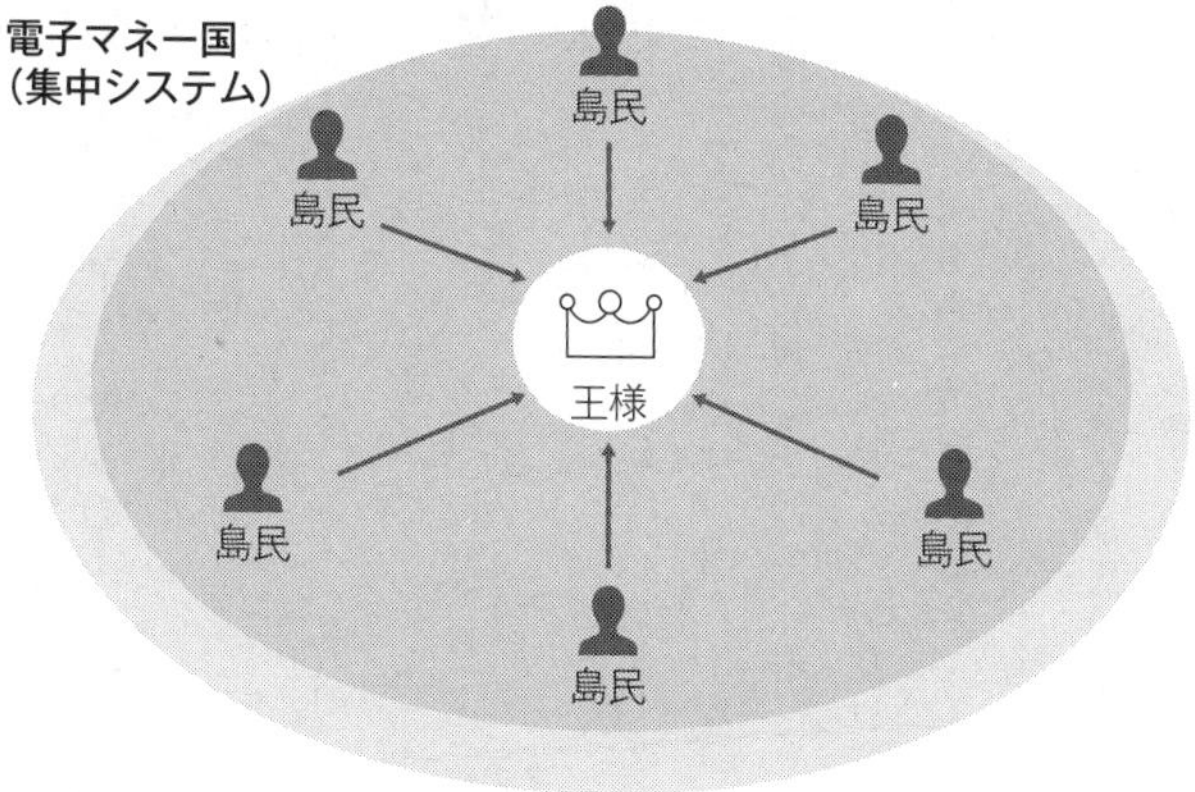

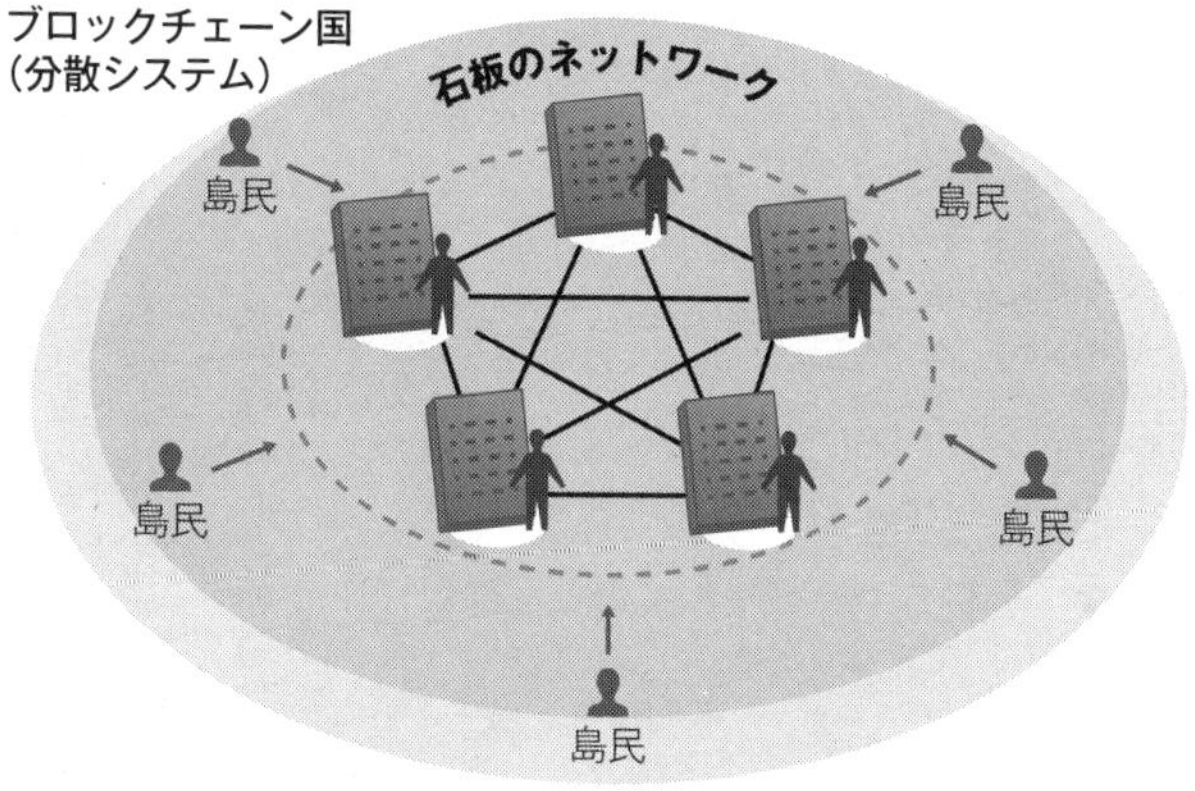

る。

住民が王様のもとにヤシの実を持って行くと、「電子コイン」をスマートフォンに送ってくれる。

王様は、すべての島民の電子コイン残高をコンピューターに保存された帳簿に記帳することによって、島民のコイン取引のすべてを管理している。

いま島民Aは、「10電子コイン」を送ってもらったものとしよう。そこから島民Bに2電子コインを支払うときには、その旨をスマートフォンを使って王様に通知する。

王様は、Aからの通知を受けると、Aの残高を10コインから8コインに書き換え、Bの残高を2コイン増やす。計算や記帳にはかなりの手間が必要になるので、王様はコインの送金に手数料をかけている。

このシステムは、手数料が高いだけでなく、つぎの2つの問題を抱えている。第1は、クーデターが起きて王様が殺されてしまうと、このシステムはダウンしてしまうことだ。王様が殺されなくとも、台帳を盗まれるだけで問題が起こるだろう。

第2は、王様を信頼する必要があることだ。王様だから不正はしていないと思うが、ひょっとすると、報告されたのとは違う記帳をして、差額を自分の残高にため込んでいるかもしれない。

これに対して、もう一つの島の「ブロックチェーン国」では、いくつかの町の中央広場に大きな石板があり、ボランティアがそこにコインの取引を刻んでいる。この石は王様の執務室のように防御されているわけではなく、広場で公衆にさらされている。

島民のCがDにコインで支払いをするのは、つぎのようになされる。Cは、「私はDに10コインを送る」と、すべての町のボランティアたちにスマートフォンで通知する。

一定期間の報告をまとめたボランティアたちは、これまで石に刻まれている記録を参照して、いくつかのチェックをする。Cは本当に10コイン保有しているのか、また、Dと同時にEにも送るという「二重払い」はないか、などである。この期間のすべての取引が正しいとボランティア全員が確認したら、それを石に刻み込む。この国では、石にすばやく書き込む技術（=書き換えられない記録を残す技術：これが次項で説明するPoWだ）が、最近開発されたのである。

記録は石に刻まれたので、書き換えることはできない。同一の記録が刻まれた石がいくつもの町にあるので、仮に嵐が来てどこかの町の石が壊れてしまっても、問題はない。石は広場に立っているので、誰でも見ることができる。だから、この石に刻まれていれば、Dは10コインの正当な保有者として認められているわけである。ボランティアは互いにチェックしあっているので、報告と違うことが刻まれることはない。こうしてボランティアを信頼することなしに、コインの取引が行なわれる。

ボランティアは、この作業からいくらかの報酬を得る。しかし、それは、「電子マネー国」の王様の手数料よりは、ずっと安い。

P2Pネットワークによって運営される

右に述べた2つの国のシステムは、現実世界における集中管理型システムと、ブロックチェーンによる分散型システムに対応している。

集中管理型システムでは、すべての取引を中央にいる管理者が管理する。この管理者が、誤った取引や不正な取引がないことをチェックする。このために、大変な人力とコンピューターサービスが必要だ。

電子マネーは集中システムで運営される通貨であり、決済記録や送金記録は、金融機関や電子マネー運営会社などの「信頼できる第三者」が管理している。

それに対して、ブロックチェーンでは、P2Pネットワークが、取引のデータを共有し、相互に監視することによって、不正取引の監視をした上で、取引の記録を行なっている。このため、第三者の保証を必要とせずに、安全な取引が可能になる。

なお、「ビットコインでは、仲介者なしに、P2Pを通じて送金が行なわれる」と説明されることから、「AからBに送金する場合に、AからBに直接に情報が送られる」と考えている人がいるかもしれない。

しかし、そうではない。先に説明したように、Aは「私はBに送金する」という情報をP2Pに伝えるのである。その情報が承認されれば、ブロックチェーンに記録される。それは改竄することができないものであり、唯一の正しい記録である。

Aを含めてすべての人が、この記録を見て、いまやBがビットコインの正当な保有者であると確認するのだ。

実際には、どの程度の数のコンピューターが参加しているのか？　アンドレアス・M・アントノプロス『ビットコインとブロックチェーン』は、ビットコインの場合には7000から1万台程度だとしている。Bitnodes というウェブサイトによれば、ビットコインのノード数は、2016年10月末で5268だ。[5] うち約4分の1はアメリカにある。

P2Pに参加するコンピューターのことを、前記のたとえ話では「ボランティア」

と言った。ただし、若干の報酬をもらっているので、純粋なボランティアではない。「労働者」というほうが適切かもしれない。しかし、P2Pへの参加・脱退は自由だという意味で、従来の労働者とは異なる。

第8章の1で述べるように、ブロックチェーンで運営される組織をDAOというが、ここにも労働者はいる。ただし、従来の労働者とは働き方が異なる場合が多い。

不正な取引等をチェックする仕組み

すでに述べたようにビットコインの場合、CからDへ送金するとき、「コインの所有者がCからDに移った」という情報を、金融機関などの管理者にではなく、P2Pに参加しているすべてのコンピューターに通知する。

一定期間のすべての取引がまとまったところで、不正な取引がないことをチェックする。「Cは本当にビットコインを持っているのか?」「同じコインをEにも送って、二重払いしていないか?」など、不正利用の有無を確認するのだ。これは、プロトコル(規則)に書いてあるルールに従って、コンピューターが自動的に判断する。

「送金情報が正しい」とP2P内のすべてのコンピューターが同意すると、一定期間の全世界の送金記録が一つのブロックに記録される。これは、誰でも閲覧できる。これをつなげた一連の記録を「ブロックチェーン」という。

この台帳は公表されるので、「公開台帳」(open ledger)と呼ばれる。この作業は、管理者が行なうのではなく、コンピューターの集まりが行なっているので、「分散台帳」(distributed ledger)とも呼ばれる。

データベースとしてみれば、書き換えられないデータベースだ。だから通貨の送金だけではなく、真実性の証明としても使えるわけだ。

なお記録は公開されているが、暗号化されているので、当事者以外は、取引者が誰なのかを知ることはできない。

「ビザンチン将軍問題」という難問

ブロックチェーンは、誰でも自由に参加することができるP2Pで運営されているため、誰が参加しているか分からない。悪意のある人が、不正を働く危険もある。

たとえば、悪意のあるXが、「CからD」への送金記録を、「CからX」への送金に書き換えてしまうかもしれない。

誰が参加しているか分からないP2Pネットワークで、いかにして共同作業を行なうことができるか？　これは、「ビザンチン将軍問題」と呼ばれて、長らく、コンピユーター・サイエンスの難問とされてきた。

ビザンチン将軍問題とは、つぎのようなものだ。ビザンチン帝国の将軍たちは、互いに他を陥れようとしていた。彼らはある都市を包囲し、「攻撃をするか否か」を決めようとしている。一部の将軍だけで攻撃すれば、敗北してしまう。だから、攻撃するなら、過半数が参加しなければならない。

9人の将軍がおり、そのうち4人は攻撃に賛成、他の4人は反対で、その旨を他の将軍に連絡する。ところが、9人目の将軍は裏切り者で、攻撃派の将軍たちには賛成と伝えるが、反対派の将軍たちには反対と伝える。すると、攻撃派の将軍たちは、多数決で攻撃に決まったと判断して攻撃する。ところが、攻撃したのは彼らだけなので、敗北してしまう。つまり、裏切り者によって陥れられてしまうのだ。

では、どのような方法で合意を形成すればよいか？　ビットコインが現れるまで、この問題への解は存在しないと思われていた。

つまり、信頼できない者同士が集まって共同作業を行なうことは、不可能であると考えられていた。常識的に考えて明らかだというだけでなく、厳密な論考の結果としてもそうであると考えられていたのだ。

プルーフ・オブ・ワーク(PoW)という仕組み

それを解決したのが、プルーフ・オブ・ワーク（PoW：Proof of Work）という仕組みだ。この仕組みは、まさしく画期的だった。

PoWのメカニズムを理解するには、「ハッシュ関数」を知る必要がある。ハッシュ関数とは、あるデータの集まりを数字に変換する関数のことだ。元のデータをハッシュ関数に通すと、「ハッシュ」という数字が出力される。

特徴は2つある。第1に、元のデータを変えれば、まったく異なるハッシュが出力される。第2に、「ハッシュ」が分かっても、それを作り出す元の数をアルゴリズム計算（一定の規則に基づいた計算）で見出すことはできない。

ハッシュ関数と似たような性質を持つものとして、素因数分解がある。ある大きな数を素因数分解した複数の素数を示され、「元の数は何か」と聞かれれば、答えは簡単だ。示された素数を掛ければよいからだ。しかし、大きな数を素因数分解するのは大変だ。2、3……と順番に素数を当てはめて、割れるかどうか確かめるしかない。

このように「ある方向に計算するのは簡単だが、逆方向に計算するのは著しく難しい関数」を、「一方向関数」という。ハッシュ関数も一方向関数だ。

先に、「ブロック」には、一定時間（ビットコインの場合は10分間）に起きた全世

図表1－2　ブロックチェーンとハッシュとナンス

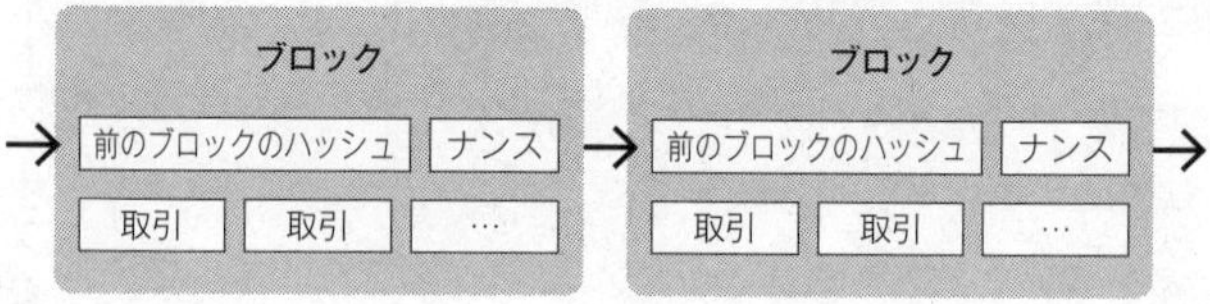

資料：Satoshi Nakamoto, "Bitcoin: A Peer-to-Peer Electronic Cash System"

界の取引が記録されていると述べた。

ブロックには、それ以外に、「前のブロックのハッシュ」と、「ナンス」と呼ばれる数が記録されるのである。ナンスは、計算されるハッシュがある一定の条件（最初から一定個数だけゼロが並ぶという条件）を満たすよう要求される。

P2Pのコンピューターは、この条件を満たすナンスの値を計算する。しかし見出すべきナンスは、アルゴリズムによっては求められない。数字を一つひとつ当てはめていき、正しいナンスを見つけるしかない。この作業を、「マイニング」と呼ぶ（図表1－2参照）。

正しいナンスを最初に見つけたコンピューターは、P2Pに対して「発見した」と宣言する。発見したナンスがハッシュに課された条件を満たすかどうかは、簡単な計算で確認できる。

正しいことが確認されれば、「何時何分に私が確認した」

とスタンプを押す。最初にナンスを見つけた報酬として、一定額のビットコインを得る。一連の動きはすべてリアルタイムに公開される（Blockchain というウェブサイトを開くと、誰でも見ることができる）。

ところで、コンピューターが以上の作業をしている間に、現実の世界ではビットコインの取引が行なわれている。つまり、あるブロックの確認作業が終わるのを待たずに、つぎのブロックの取引が進行してしまうわけだ。

これは取引を遅延させないための措置だが、過去の取引が正当化される前につぎの取引を始めてしまうというのは、なんとも乱暴なルールだ。

このため、不都合なことが起きる可能性がある。それは、ブロックチェーンの枝分かれが生じ、複数の異なるブロックチェーンが生まれてしまうことだ。これを「フォーク」という。

フォークが見出された場合、短い方の枝は捨てられる。つまり、そこに記録された取引はなかったことにされる。また、捨てられた枝を構成するブロックの採掘者は報酬を受けられない。

なぜ改竄できないのか

さて、先ほどの問題に戻ろう。もし悪意のあるXが、「CからDへの送金」とある取引記録を「CからXへの送金」に書き換えたとする。こうすると、当該ブロックから計算されるハッシュは、元の値とは違うものになり、要求された条件を満たさなくなる。したがって、そのブロックのナンスを計算し直す必要がある。

このブロックのナンスが変わると、つぎのブロックに入力するハッシュが変わるので、そのブロックのナンスも書き換える必要がある。しかし、ナンスを見つけるには、膨大な労力が必要だ。しかもいまの場合は、改竄した取引を記録したブロックから最新のブロックに至るすべてのブロックのナンスを計算し直さなければならない。そんなことは、世界中のコンピューターをつなげてもできないだろう。

ほとんど不可能な不正行為に多大のコストをかけて挑戦するより、正当な手段でマイニングに参加して、ビットコイン報酬をもらったほうが合理的だ。つまり、このシステムは、信頼に基づいて構築されたシステムではないが、不正行為をすると損になるのだ。性善説に基づいて人々が悪事を働かないことを期待するシステムではなく、仮に人々の性が悪であってもなおかつ機能するシステムなのである。しかも、合理的な判断に基づかず、コストを顧みずに悪事を働こうとしても、成功しない。こうして、「trustless（信頼の欠如）」に基づいたシステムが構築されることになる。これは、一度石板に彫ってしまえば、簡単に書き換えることはできないことと似ている。

なお、ブロックチェーンは創成以来のすべての取引を記録している。このため、全体としては大変な情報量になってしまうのではないかという気がする。しかし、記録しているのは数字と記号だけなので、あまり巨大な情報量にはならない。『ブロックチェーン　仕組みと理論』は、2016年時点で70〜80GB（ギガバイト）であるとしている。[6] また、Crypto Mining Blog は、ブロックチェーンのデータサイズが16年初めに60GBになったと伝えている。[7] これなら、普通のPCでも収納できる。（注）

（注）これは、つぎのようにして確かめることができる。

『ビットコインとブロックチェーン』によれば、ビットコインの1取引のサイズは最低で250B（バイト）だが、平均的な取引のサイズは645Bだ。[8]

他方で、Blockchain のホームページのデータでは、最近時点での1日の取引は約22万件。[9] ビットコインが発足したのは09年1月のことだが、最初は取引量が少なかった。そこで、13年から3年間が平均取引量であったとすると、発足以来の総情報量は70・6GBとなる。

2 ブロックチェーンはいかなる意味で優れているのか

改竄できないので真正性を証明できる

ブロックチェーンは、いかなる意味で優れているのか？ これは、すでに述べたことなのだが、重要なのでもう一度述べると、つぎのとおりだ。

第1は、そこに記録されたデータが改竄できないことだ。これによって、インターネットの世界で真正性が証明できることとなった。これは実に大きなことだ。

序章で述べたように、デジタルな記録は改竄することが簡単なので、これまで証拠としては認められなかった。紙に書いて印を押さないとダメだったのだ。デジタルな世界においても、パスワードやSSL認証（序章参照）など、真正性を証明するためのさまざまな試みが行われてきた。しかし、完全な解決策にはならなかった。

ブロックチェーンがこの問題を解決したのだ。そこに格納した記録は、石に刻んだのと同じように、改竄できない記録だからだ。

それを実現しているのが、ＰｏＷである。信頼できる人や組織に頼るのではなく、経済合理的な仕組みによって真正性を確立している。(注)

低いコストで記録を残せるため、ブロックチェーンを用いるさまざまな真正性証明サービスが作られている。これについては、第6章で述べる。

また、正しい履歴を残せることの効果は、IoTにおいても大きい。IoTが普及してホームオートメーションのような分野に及べば、ブロックチェーンを用いて低いコストでこれを行なうことが重要な意味を持つことになる。これについては、第7章で述べる。

（注）ただし、第3章で述べるプライベート・ブロックチェーンでは、この点が曖昧になる。そこでの真正性は、PoWによってではなく、それを運営する組織によって担保されているにすぎない。

個人や組織を信頼する必要がない

これまでは、取引相手を信頼する必要があった。しかし、実際には、相手方のごまかしや詐欺の問題がある。

序章の最初で述べたように、この問題がブロックチェーンによって解決された。ブロックチェーンに書き込まれているのは改竄されていない記録であり、したがって、正しい記録である。このため、管理者や組織を信頼する必要がなくなった。このようなシステムを「trustless system」(信頼が不要なシステム)という。

この具体例を本書は、つぎの箇所で紹介している。

ブロックチェーンを用いれば、組織を信頼することなしに真正性を保証できるために、インターネットの世界で経済的な価値を送れる。たとえば通貨を送ることができる。これが第2章、第3章で見るサービスだ。

また、インターネット上で真正性を証明したり事実を確認したりできるさまざまなサービスが登場している。これらについて、第6章で紹介する。

取引する相手の組織を信頼する必要がないことは、金融取引では、カウンターパーティー・リスク(取引の途中で、決済の前に相手方が倒産して、契約不履行になるリスク)の消滅を意味する。これが金融システムに与える影響について、第5章の2で述べる。また、分散市場との関係で、第8章の4で述べる。

組織を信頼する必要がないことのより広い組織論上の意味については、終章で述べる。

なお、ブロックチェーンを用いるサービスの提供が、あらかじめ書かれたプロトコルに従って自動的に進められることと、そのプロトコルを書くことは、別である。前者はコンピューターによって自動的に執行される。「管理者がいない」とは、このことを指す。

しかし、後者はもちろん人間によって行なわれる。したがって、プロトコルを書き、それを維持し改善する団体や組織は存在する。そして、その存在を明らかにしている。

ただし、ビットコインだけは例外だ。最初の論文はSatoshi Nakamotoという名で投稿されたが、それが誰かはいまだに分かっていない。また、最初の開発に携わった人たちが誰かも、はっきりしない。

現在では、プロトコルのメンテナンスを行なっている人たちの存在は明らかにされており、しばしば「コア開発者」と呼ばれている。ビットコインの場合、プロトコルの改訂はコア開発者などからなるビットコイン・コミュニティの同意で行なわれるとされている。ただし、明確なルールがあるわけではない。

このことは、ビットコインの「スケーラビリティ」に関して問題となった。これは、従来のビットコインのブロックサイズは1MBだったが、これでは取引量の増大に対応できないのではないかという問題である。この問題について、コア開発者や関係者たちの会合が何度か持たれ、議論が行なわれている。

分散システムは攻撃に強い

ブロックチェーンが優れている第2点は、攻撃に対して強靭であることだ。

中央管理的なシステムは、データを管理する中央コンピューターがハッカー攻撃にあってダウンすれば、全体がダウンしてしまう（このように、その箇所が働かないとシステム全体が働かなくなってしまうような箇所を、「単一障害点」という）。

しかし、ブロックチェーンは、どれか一つのコンピューターが攻撃でダウンしても、他のコンピューターに同じ記録があるので、それらすべてが同時に破壊されないかぎり、システムは動き続ける。これは、「ゼロ・ダウンタイム」といわれる特性だ。

実際、ビットコインや類似の仮想通貨は、これまで一度も事故を起こしていない。

2013年にはマウントゴックスの資金消失事件が起きた。しかし、これは、ビットコインのシステムに問題があったために生じたものではない。マウントゴックスは、ビットコインと円やドルなどの現実通貨との両替を行なう企業である。それは、すでに説明したビットコインの取引を行なうシステムの外にある企業であり、いわばビットコインの利用者にすぎない。

この点は、一般に理解されなかった。たとえば、現金輸送車から日銀券が盗まれても、円という通貨の仕組みが揺らぐわけではない。それと同じことだ。「はじめに」

で述べたように、マウントゴックスの経営者によるとされる犯行は、「ビットコインを盗んでも価値がなくなることはない」と信じていたからこそ行なわれたのだ。この事件は、ビットコインの脆弱性を示すどころか、その堅牢性、信頼性を示したのである。

なお、以上で述べたのは、「パブリック・ブロックチェーン」と呼ばれるものの特性だ。これに対して、「プライベート・ブロックチェーン」と呼ばれるものがある。これについては第3章の2で述べる。

ブロックチェーンで清算・決済のコストを4分の1削減できる

ブロックチェーンが優れている第3点は、管理者が不必要になるため、コストを削減できることだ。

全世界の金融機関で清算や決済にかかるコストは、毎年650億ドルから800億ドル（6・5〜8・0兆円）ほどといわれている。では、ブロックチェーンの導入によって、これをどの程度削減できるのだろうか？

サンタンデール・イノベンチャーズ（Santander Innoventures：サンタンデール銀行のベンチャー投資顧問会社）が公表したレポートは、これについての試算を行なっている。[10]

このレポートは、従来のフィンテックをFinTech 1.0と呼び、それとFintech 2.0を区別している。Fintech 1.0は、個人向けの決済や融資、金融アドバイスなどで小さな改革をもたらした。それに対してFintech 2.0は、IoT、スマートデータ（消費者の取引データなど）、分散台帳などを用いる金融技術のことだ。これは、金融機関のバリューチェーンの中核的要素を変革する。

同レポートは、ブロックチェーンの採用によって、銀行は2022年までに、毎年150億～200億ドル（1・5兆～2・0兆円）の費用を節減できるという。先の数字と突き合わせれば、4分の1程度のコスト削減が可能ということになる。

16年5月に、ゴールドマン・サックスはブロックチェーン導入の影響の推計を発表した。[11] その概要はつぎのとおりだ。

ブロックチェーン技術の導入によって、証券・資本市場の精算・決済コストが、全世界で年間110億～120億ドル削減される。住宅の保険では、アメリカだけで、年間20億～40億ドルの費用削減が可能だ。マネーロンダリング対策費用が、全世界で年間30～50億ドル節減できる。

金融以外の分野では、つぎのとおり。空いている部屋などを貸す民泊の分野では、ブロックチェーンを用いる認証サービスによって、20年までの期間で、アメリカだけで予約が30億〜90億ドルほど増える。スマートグリッドの分野では、ブロックチェーンによって分散的電力市場が可能になるので、アメリカだけで25億〜70億ドルのマーケットが創出される。なお、このレポートは、分野ごとに、これから成長するスタートアップ企業と、被害を受ける在来企業の名をあげている。

コストが下がると、単に利用者の負担が下がるだけでなく、新しい経済活動が可能になる。特に、国際送金とマイクロペイメント（少額送金）の面での効果が大きい。

インターネットは、地球規模で情報送信のコストをゼロ近くまで下げ、世界を大きく変えた。それと同じような変化が起きるだろう。

金融取引においてコストが下がることの効果は、第5章の1で述べる。

3　ブロックチェーンの重要性を指摘するレポート

世界経済フォーラム（WEF）のレポート

スイスのジュネーブに本部を置く非営利財団、世界経済フォーラム（WEF）は、2016年8月、世界に大きな影響を及ぼす可能性が高い10大新興技術を発表した。

そこで取り上げられたのは、バイオ・医療関係が2つ、材料関係が4つで、残り4つは、情報関連の技術だ。その中に、ブロックチェーンが取り上げられた。

同フォーラムは、これとは別の16年8月の報告書で、「ブロックチェーン技術は次世代の金融サービスの鍵となるだろう」としている。[12]

同レポートは、17年末までに、世界の約80％の銀行がブロックチェーン関連のプロジェクトをスタートさせると予想する。また、90の国の中央銀行がブロックチェーンのリサーチを開始し、24の国の政府がすでにブロックチェーンへの投資を行なっているという。

PwCのブロックチェーンに関するレポート

世界的なコンサルティング企業であるPwC（プライスウォーターハウスクーパース）は、2016年9月にブロックチェーンに関するレポートを発表した。[13]その中で、つぎのように指摘している。

〈20年代までに、ブロックチェーンを用いたシステムが多くの主要企業で採用され、単純な取引では、確認や検証に伴うさまざまなカテゴリーの障壁や不便さが、低減あるいは解消する。デジタルに表現することができる資産や価値であれば、誰でもその資産や価値を誰とでも交換することができるようになる。

金融機関が、独自のプライベート・ブロックチェーンの展開を開始している。他の企業もこれに追随する。とりわけブロックチェーンを用いたスマートコントラクトの価値と力が明らかになるにつれ、その傾向は加速する。また、モノのインターネット（ＩｏＴ）の発展にとっても、不可欠となる。

それを導入するか否かで、効率性がケタ違いに変わってくる。だから、企業は競争力を維持しながら取引を行なう基盤として、ブロックチェーン・テクノロジーが提供する共有台帳を使用せざるを得なくなる。

20年代に入れば、スマート取引によって、現在、従来的取引に要している時間のほんの何分の1かで取引を清算できてしまう。20年代には、自力執行権のある契約が多数行われるようになる。

16年から20年にかけて、各企業はブロックチェーンを用いたスマートコントラクトの使用をテストし、改良を重ねる段階に入る。しかし、こうした取り組みを大規模に実用化するに際しては、法的プロセスやビジネスプロセスの変革が求められる。

ｅコマースの場合には、定着するまで長い年月がかかった。ｅコマースの実現テクノロジーが開発されるのに実に20年、ｅコマースが成熟するのにさらに20年がかかった。それに対して、デジタル資産の移動の場合は、当初は小規模で局地的な取り組みとして開始される可能性が高く、短期的かつ局地的に成功する事例もたくさん出てくるだろう。しかし、真に自律的な分散型「モノのインターネット」が「取引のインターネット」とソフトウェア・エージェントの力によって実現するまでには、まだかなりの時間がかかる。

それに対して、法制度があまり複雑ではない場合には、スマートコントラクトが実用化されるまでに、ｅコマースほど長くはかからないかもしれない。

試行錯誤の時期の後には、ドットコムブームのときのように一気に拡大・発展して、一時的な過熱状態を迎える可能性も予感される。20年代後半になるまでには、今日とは大幅に異なる取引環境の本格的採用への道を歩んでいるかもしれない〉。

経済産業省のレポート

経済産業省は、「ブロックチェーン技術を利用したサービスに関する国内外動向調査」を２０１６年４月に発表した。[14,15] その中で、ブロックチェーンは、「ＩｏＴを含む非常に幅広い分野への応用が期待されている」「あらゆる産業分野における次世代プラットフォームとなる可能性をもつ」としている。

具体的には、つぎのような応用があるとしている。

〈(1)　価値の流通・ポイント化プラットフォームのインフラ化

ポイントが転々流通することで通貨に近い利用が可能となる。ポイントサービスが預金・貸出に類する機能を獲得することで、信用創造の機能を獲得する。

(2)　権利証明行為の非中央集権化の実現

土地の登記や特許など、国管理のシステムをオープンな分散システムで代用することが可能。その結果、届出管理等の地方自治体業務が減少する。本人証明としての印鑑文化や、各種契約時の際の本人確認のための書類提出等のプロセスが変化・代替される。

(3)　遊休資産ゼロ・高効率シェアリングの実現

遊休資産の稼働率のほか、入場券、客室、レンタカー、レンタルビデオなどの利用権限管理に、劇的な効率化がもたらされる。生産者・サービス提供者と消費者の境界がなくなることで、「プロシューマ」というあり方が一般化する。

⑷　オープン・高効率・高信頼なサプライチェーンの実現
小売店、卸、製造で分断されている在庫情報や、川下に集中していた商流情報が共有されることで、サプライチェーン全体が効率化する。
⑸　プロセス・取引の全自動化・効率化の実現
バックオフィス業務（契約や取引の執行、支払・決済、稟議などの意思決定フローなど）の大半を置き換えることが可能。〉

なお、経済産業省は、この報告書の中で、ブロックチェーン関連の潜在的な国内市場規模（ブロックチェーン技術が影響を及ぼす可能性のある市場規模）は67兆円になるとした。

これは、年間売上高でみた数字と思われるが、法人企業統計によれば、15年度における全産業（除く金融保険業）の売上高は１４３１兆円だから、その４・７％になる。これは、自動車・同附属品製造業の15年度の売上高64兆円より大きい。このように、経済活動全体への影響がきわめて大きいと見ていることになる。

4　在来型フィンテックには限界がある

フィンテックは革命的変化ではない

フィンテック（FinTech）という言葉が流行している。これは、金融とIT（情報技術）の融合による新しいサービスだ。

フィンテックで提供されているサービスは第4章で述べるが、第1に送金、決済関係、第2にソーシャルレンディング、そして第3に投資コンサルティングや保険がある。

ブロックチェーンはフィンテックに含まれるか？　一般には含まれると考えられる場合が多いが、ブロックチェーンとその他のフィンテックとは大きく異なる。

日本では、フィンテックに対する関心は、異常ともいえるほど高まっている。その半面で、本当に革新的な変化であるブロックチェーンに対する関心は、それほど高くない。

ブロックチェーン以外のフィンテック技術は、ブロックチェーンのように革新的なものではない。こうしたものが日常生活を便利にすることは事実だが、金融業を根本から変えるものではない。それらの利用で生活はこれまでよりは便利になるだろうが、連続的な変化であって、革命的な変化というわけではない。

送金・決済についていて、特にこのことがいえる。クレジットカードのコストは店舗側が負担しているので、消費者が意識することはない。しかし、商品の価格に転嫁されることによって、間接的には負担しているのである。

このコストを大幅に下げることができれば、大きな変化が起きる。利用者の側から見ると、あまり大きな変化が起きたようには見えないが、店舗の負担が軽減されれば、多くの店舗が採用する。その結果、利用が拡大する。

ところが、いまフィンテックでいわれている変化は、この問題の基本を解決するものではない。なぜなら、新しい技術とされるもののほとんどは、クレジットカード・システムの上に築かれているからだ。したがって、送金コスト率の平均を現在の水準から引き下げることは、原理的に不可能だ。

フィンテックの中には、送金コストをゼロ近くまで引き下げるサービスも登場しているが、これは「フリーミアム」といわれるビジネスモデル（高度な機能や特別な機能について課金することによって、基本的なサービスを無料で提供するビジネスモデル）によって、コストを引き下げているにすぎない。送金コストを本格的に引き下げたいのであれば、ブロックチェーンの技術を導入することが不可避だ。

重要なのは、送金の基幹システムだ。それが変化しないと、コストは大きくは下がらない。特に、海外送金においてそうだ。

革命的変化はブロックチェーンによって生じる

本当に革命的な変化とは、銀行システムを超えるシステムが現れることだ。それには、送金システムがブロックチェーン技術を用いる分散型のものに変わる必要がある。中央集権的なシステムであるかぎり、大きな変化はない（ＩｏＴについても同じことがいえる。これについては、第７章を参照）。

２０１６年３月に発表されたＰｗＣのレポートは、ブロックチェーンが今後の最も重要なフィンテック技術であるとして、つぎのように述べている。[16]

〈ブロックチェーンについてはあまりよく理解されていないため、その潜在力が過小評価されている。

これは、次世代のフィンテックを飛躍的に進化させる可能性を持つ。これによって金融サービス業界での競争が劇的に変化し、従来の収益源が破壊され、その収益源が新たな、効率に優れたブロックチェーン・プラットホームの所有者に再分配されることもあり得る。きわめて大きなコスト削減が実現するだけでなく、透明性も大きく高まるだろう〉。

重要な点は、仮にブロックチェーンを用いた金融技術が発展すれば、現在フィンテックで提唱されている技術の多くが不要になってしまうということである。

たとえば、仮想通貨がもっと使いやすくなると、スマートフォンの決済はもっぱら仮想通貨で行なわれるだろう。現在フィンテックで提案されている送金サービスは、駆逐されてしまう可能性がある。

フィンテックで行なわれているソーシャルレンディングは、クラウドセール（第8章の4参照）で代替される可能性がある。保険やデリバティブの少なくとも一部は、予測市場が発展すれば、それによって代替されるかもしれない。

ブロックチェーンと人工知能技術の関係はどうなっているか？

人工知能技術は、重要な技術革新だ。そして、IoTやシェアリングエコノミーに関しては、ブロックチェーン技術と連携して、新しい世界を切り拓く可能性を秘めている。これらについては、第7章、第8章の2で述べる。

しかし、第4章の3で述べるように、金融分野で人工知能技術がどれほど重要かは、疑問だ。

第2章 ブロックチェーンの応用(1) 仮想通貨

ブロックチェーン技術は、まずビットコインのような仮想通貨に用いられて、成功した。これは電子マネーとはまったく異なるメカニズムで運営される通貨だ。送金コストがゼロ近くになるので、マイクロペイメントや海外への送金など、さまざまな分野で新しいビジネス展開が可能になる。

1　やっと評価された仮想通貨の重要性

アメリカの金融機関の認識が大きく変わった

ブロックチェーン技術が最初に応用されたのは、仮想通貨ビットコインだ。2009年から運営が始まった。[1,2] 一般の注目を集めたのは、13年の秋に、キプロスでビットコインへの資本逃避が生じた頃からだ。14年1月には、中国の人民元からの資本逃避の手段としてビットコインが使われ、価格が1ビットコイン＝1100ドルを超えた。この事態を受けて、中国政府は、中国の銀行がビットコインの取引に関与することを禁止した。ビットコインの価格は下落した（図表2－1）。

「はじめに」で書いたように、14年頃には、仮想通貨に対する批判的な論評や否定的な評価が多かった。特に日本では、マウントゴックスの破綻に気を取られて、本質的

図表２－１　ビットコインの価格推移（1ビットコイン当たりドル）

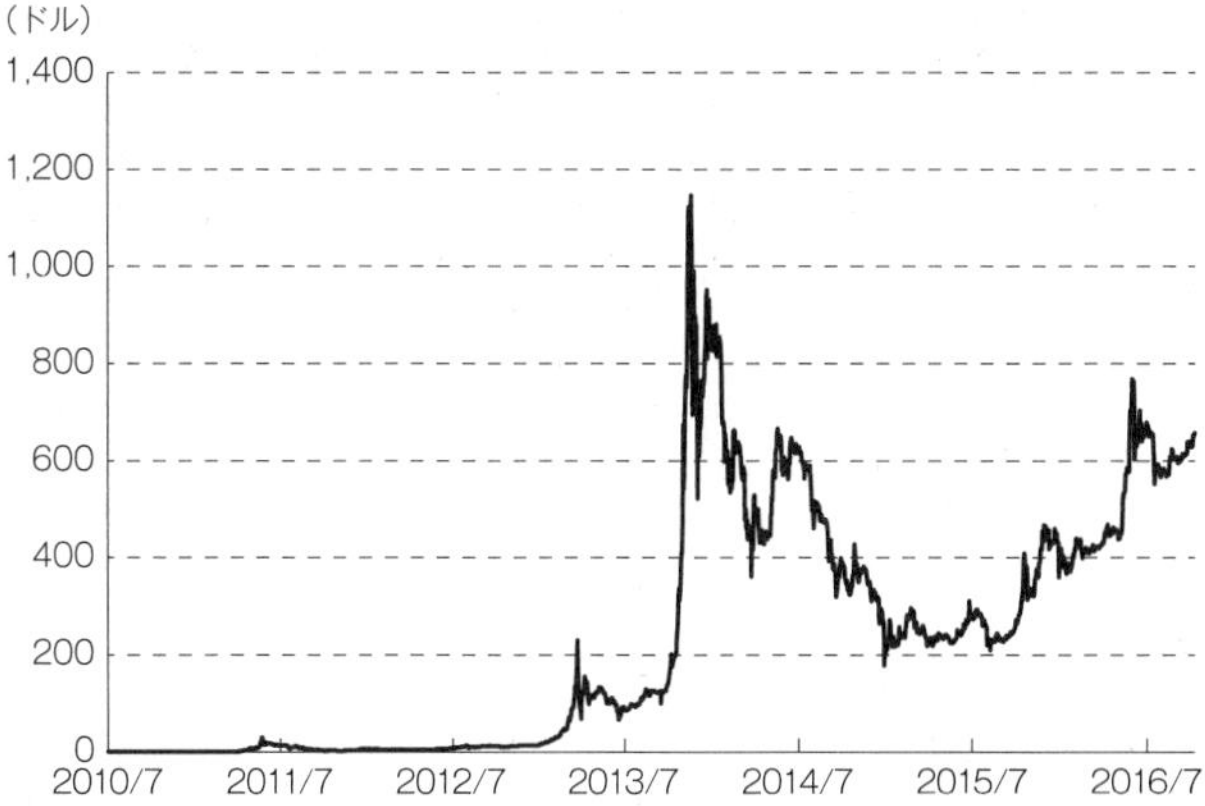

資料：CoinDesk

な議論が行なわれなかった。欧米でも、当時は、仮想通貨の価格変動の大きさと投機的な側面に注目が集まっていたため、金融機関はビットコインにネガティブな評価を下していた。

しかし、ビットコインに対するアメリカ金融業界の認識は、その後、大きく変わった。その潜在力に対する正当な認識が急速に広まり、さまざまな試みが行なわれるようになったのだ。

「はじめに」で述べたように、ゴールドマン・サックスは14年３月の報告書では、ビットコインに対してきわめて強い否定的評価を下していた。しかし、15年３月の同行の報告書「金融の未来──今後10年間の決済方法を見直す」において評価を一転し、「ビットコインの非中央集権的な仕組みは革命的である」と認めた。[3]すなわち、「ビットコインと仮想通貨の技術は技術的メガトレンドの一部であり、取引の基本的なメカニズムを変える」「ネットワーク技術と暗号におけるイノベーションは、マネーを移動させるスピードとメカニズムを変えるだろう」とした。そして、仮想通貨を支える分散型ネットワークは、オープンソースであるために安全で信頼性があり、問題点は一つもないと指摘している。

仮想通貨の重要性を国際機関が認める

2014年以降、国際金融分野での主要な国際機関や中央銀行が、相次いで仮想通貨に関する報告を公表した。これは、仮想通貨が、もはや金融の世界において無視できない存在になりつつあることを示している。

イングランド銀行は、2014年9月に報告書を出した。[4]15年11月には、国際決済銀行（BIS：各国の中央銀行が組織する国際機関）がデジタル通貨についての報告書を公表した。[5]16年1月には、国際通貨基金（IMF）がビットコインに関する報告書を公表した。[6]

どの報告書も、現在のままの形での仮想通貨にはさまざまな問題があることを指摘しつつも、将来の可能性を評価している。

ＢＩＳの報告書は、ブロックチェーンというまったく新しい仕組みを高く評価し、その潜在的な重要性を指摘している。この報告書で注目されるのは、中央銀行との関係を論じている部分だ。

現在のところは利用者がきわめて少ないため問題はないが、仮に仮想通貨の使用が増加すれば、中央銀行の金融政策が影響を受けること、ブロックチェーンによる決済が広く行なわれるようになれば、中央銀行による決済は不必要になる可能性があることを指摘している。

そして、中央銀行そのものがデジタル通貨を発行する可能性についても言及している。将来に向けての研究が必要であるとし、イングランド銀行とカナダ中央銀行が研究を開始したことを紹介している。

ＩＭＦのリポートは、どちらかというと、規制の必要性に重点を置いている。現在の仮想通貨がさまざまなリスクを持つことを指摘し、各国で規制を検討すべきだとしている。さらに、国際的な規制の必要性も指摘している。

2 普及に向けての条件整備が必要

資金決済法の改正

日本では、2016年に「資金決済に関する法律」（資金決済法）が改正され、仮想通貨に関する規定が追加された[7]。

ここでは、仮想通貨は電子マネーと区別されている。「不特定のものを相手にして転々流通できる」電子的な支払手段が仮想通貨だ。

改正の主要な内容は、つぎのとおりだ。第1に、仮想通貨取引所の登録制を導入する（監督官庁は金融庁）。第2に、監査法人や公認会計士の定期監査を義務づける。第3に、顧客の資産と自己資産を分ける「分別管理」のルールを導入する。

資金決済法改正の直接のきっかけは、経済協力開発機構（OECD）内の犯罪資金対策組織「金融活動作業部会（FATF）」が、15年6月に、仮想通貨を介した金融犯罪を防ぐため、各国に法制化を促す勧告を出し、登録免許制、顧客の本人確認、取引記録の保存義務など利用者保護を促したことだ。

仮想通貨交換所の本人確認や業者への規制は、マネーロンダリング（資金洗浄）などへの対策であって、仮想通貨を使いやすくすることを意図するわけではない。今回の改正は、仮想通貨の利便性向上のためではなく、あくまで規制強化のために行なわれたものだ。

ただし、仮想通貨に一定の地位が与えられたという意義はある。規制導入は、事業者にとっては重い負担となるが、ルールの範囲内での事業が認定されたことになるため、関連業務を手がける人は、より安定したビジネスを行なうことが可能になるだろう。

また、仮想通貨に対する世の中の誤った認識が是正されることも期待される。日本では、一介の取引所にすぎないマウントゴックスの破綻がビットコインそのものの破綻と混同されて報道されたこともあって、マイナスイメージが先行し、仮想通貨の正しい認知と普及が進まなかった。こうした状況が改善されることが期待される。

なぜ仮想通貨を区別する必要があるのか

第3章で見るように、日本のメガバンクは、独自の仮想通貨の発行を計画している。しかし、金融庁は、これを電子マネーとみなして、仮想通貨とはみなさない方針のようだ。

この考えが妥当か否かは、「補論A　仮想通貨と電子マネーの法律上の定義」で論じている。メガバンクの構想の詳細はまだ明らかにされていないので、この問題について確定的なことはいえないが、金融庁が意図するように「不特定のものを相手にして転々流通できるか否か」を基準として電子マネーと仮想通貨を区別できるかどうかは、疑問である。

こうした状況を見ていると、つぎのように勘繰らざるを得ない。

すなわち、規制当局の目的は、「銀行は、電子マネーを扱うが、ビットコイン型の仮想通貨は扱えない。そして自ら発行する仮想通貨は扱える」という状態を作ることだ。それによってビットコイン型の仮想通貨を銀行システムから排除する。他方で、ビットコイン型の仮想通貨に対しては規制を加える。こうした目的が最初にあって、それを実現するように各カテゴリーの定義付けをしているように思われるのである。

しかし、右に述べたように、この区別はすでに破綻しており、将来ますますそれが明確になるだろう。

仮想通貨は、組織犯罪に対する脆弱性が最も低い

「ビットコインは匿名性が高いので、犯罪行為に用いられやすい」といわれる。特

に、マネーロンダリングやテロ活動資金供与など、組織犯罪に利用されることが問題とされる。また、麻薬などの取引に用いられる危険もあるといわれる。しかし、こうした考えには、かなりの誤解が含まれている。

第1に、仮想通貨の取引がブロックチェーンに記録される様は、全世界に公開されている。たとえば、Blockchain.info のサイトにアクセスすれば、取引の様子をリアルタイムで見ることができる。これほど透明性が高い送金手段は他にない。

もちろん、送金者名と受取者名は暗号化されているので、現実世界の誰に対応しているかを、直ちに知ることはできない。しかし、仮想通貨における匿名性は「疑似匿名性」（Pseudoanonymity）といわれるものであり、捜査当局が匿名性を暴くことは不可能ではない。実際、FBIは闇取引サイト「シルクロード」で取引を行なうことにより、違法取引の証拠を集めた。これが、一般には認識されていない第2点だ。

仮想通貨についてダークなイメージがつきまとうのは、新参者であるためになじみがないこと、「管理者がいないために信頼できない」と考えられてしまうこと、英語では「暗号通貨」（cryptocurrency）と呼ばれて、禁秘的・隠蔽的なイメージが強いこと、シルクロードなどでの使用が大々的に報じられたこと、などの理由によると考えられる。

こうしたイメージが誤りであることは、イギリス財務省が実施した分析によっても明らかにされている。

同省は、銀行やさまざまな金融サービス、現金、仮想通貨といった送金手段について、マネーロンダリングやテロ資金供与などの組織犯罪に対する脆弱性スコアを計算した。

各手段について、取引の不透明性（匿名性）、資産の国際的なアクセス容易性、資金移動の速度などを評価した。また、取引量や監督機関の監視能力も考慮された。図表2－2に示すのは、2015年10月に公表された同省レポートの結果の一部である[8]。

それによると、一般に持たれている印象とは逆に、マネーロンダリングとテロリスト利用のリスクが一番高いのは、銀行だ。脆弱性の総合スコアは34点となっている。以下、さまざまな金融サービスが続く。そして、現金のスコアは21点だ。これは、銀行以外の金融サービスよりは高い。

ところが、電子マネーはそれより低い10点であり、ビットコインを含むデジタル通貨（仮想通貨）のスコアはわずか5点である。つまり、この調査によれば、仮想通貨が最も頑強なシステムなのだ。

なお、この結果を評価するに当たっては、電子マネーや仮想通貨の取引量が、現在はまだ少ないことを考慮に入れる必要もある。将来、仮想通貨が広く使われるようになれば、それが犯罪的取引に使われるケースも増えるだろう。

ただし、仮想通貨の仕組みに問題があるからそうなるのではなく、逆に、仮想通貨が効率的な送金手段であるから、そうなるのである。一般に、効率的手段は、生産性を向上させるとともに、他方において、悪事の効率性をも向上させる。要は、われわれが新しい技術をどう使うかだ。

図表2－2　送金手段の脆弱性スコア（イギリス財務省のレポート）

送金手段	総合脆弱性スコア
銀行	34
会計サービス	14
合法的サービス提供者	17
資金移動ビジネス	18
信託サービス	11
不動産業者	11
高価格品ディーラー	10
規制されない賭け事	10
カジノ（規制されている賭け事）	10
現金	21
電子マネー	10
仮想通貨	5

資料：UK national risk assessment of money laundering and terrorist financing, October 2015.

規制などが利用拡大を阻んでいる

仮想通貨の利用という点からみると、日本の現状にはいくつかの問題がある。

第1は、課税上の扱いだ。仮想通貨は、支払い手段としては機能しても、法定通貨とは認められていないため、消費税法上に適用除外規定がなかった。他方で、資産としての価値がある。したがって、消費税法が定める「資産」に当たり、そのため、事業者が仮想通貨を譲渡した場合、消費税を課されていた。

しかし、仮想通貨の機能が支払い手段である以上、本来は、仮想通貨の譲渡に対して消費税を課すべきではない。実際、ヨーロッパの裁判所は、ビットコインを付加価値税（VAT）の適用除外としている。海外では非課税扱いが主流で、G7（主要7ヵ国）で課税しているのは日本だけだ。他方で、物品の輸入のように税関を通るわけではないため、海外の取引所から非課税で仮想通貨を購入しても、実態としては課税できない。このため、海外から安く入手している利用者もいる。

この問題については、仮想通貨の購入を消費税で非課税とする税制改正が2017年7月に行なわれた。

第2は、銀行法による制約だ。銀行は、取り扱うことができる業務範囲が銀行法により定まっており、それ以外の業務を行なうことができない。ビットコイン型の仮想通貨は通貨ではないので、銀行はそれらを扱えない。(注) つまり、仮想通貨の売買の仲介や仮想通貨と通貨との交換、仮想通貨を預かる口座の開設などはできない。

この点は税ほどの大きな障害にはならないが、規制が緩和されれば、仮想通貨の利用はさらに便利になるだろう。

なお、フィンテック促進の一環と称して、銀行法が改正された（２０１6年5月成立、6月公布）。ただし、改正の内容は、金融機関がベンチャーなどの事業者に出資する比率の制限を緩和するもので、ＩＴ関連企業が独自の情報で行なえる融資などの内容は限定的だった。アメリカでは、スタートアップ企業が銀行に脅威を与えているというのがフィンテックの構図だが、日本では銀行が主導権を持った姿になる可能性がある。そうなると、技術進歩の利益がユーザーへの還元につながらないおそれがある。このような事態を回避するには、銀行以外の業者が金融業務に参入しやすくなる必要がある。

第3の問題は、受け入れる店舗（ウェブ上の店舗も含む）の数が少ないことだ。このため仮想通貨の利用が進まない。そして受け入れ店舗が少ないために、利用者が拡大しないという悪循環に陥っている。

通貨の利用には、明らかにネットワーク効果が働く。今後、仮想通貨の社会的な地位が認められ、利用者が拡大することが期待される。利用者数と受け入れ店舗数がある程度の規模に至れば、正のネットワーク効果が働き、仮想通貨の利用が一挙に拡大することも考えられる。

（注）「参議院議員大久保勉君提出ビットコインに関する質問に対する答弁書」（2014年3月7日）において、政府は、つぎのように、銀行がビットコインを扱えない旨の答弁をしている。
「ビットコインの売買の仲介やビットコインと円貨又は外貨との交換、ビットコインを預かる『口座』の開設及び当該口座間でのビットコインの移転については、銀行法第十条第一項各号、同条第二項各号及び第十一条各号に規定する銀行が営むことができる業務には該当しない」。

3　2017年に仕様改善をめぐってビットコイン騒動が起きる

スケーラビリティの問題が緊急になる

2017年には、能力拡張のための仕様変更をめぐって、ビットコインが大きく揺れ動いた。これはビットコインが発足して以来、最大の転機だった。

それまでのビットコインの仕様では、取引能力に限度があり、取引が増えると、支障が生ずる恐れがあった。

これは、「スケーラビリティ」と呼ばれる問題だ。

クレジットカードのVISAやMasterなどは、1秒間で最大4万5000件の取引を処理できると言われている。通常は、1日あたり4億～5億の取引を処理している。

ところが、ビットコインでは、1秒間に7取引、1日で最大60万4800取引までしか処理できなかった。

このような処理能力では、利用者の増加に対応することができず、決済の遅延などの重大な問題が生じることが懸念された。

そこで、ビットコインの仕様改善のための議論が行なわれた。

ビットコインにはさまざまな関係者が関与している。コア開発者、マイニングを大規模に行なう主要マイナー、そして取引所だ。

スケーラビリティに関して、関係者の利害は複雑に絡み合っている。このため、合意は容易でない。そこで、コンセンサスを求めて、何度も会議が開かれた。関係者間の利害調整を、民主主義的なプロセスで行なおうとした。

改善提案:ブロックサイズの拡張やデータの圧縮

主要な提案としては、つぎのようなものがあった。

まず、2015年3月に、取引データを記録するブロックのサイズを拡張する提案がなされた。これは、「ビットコインXT」と呼ばれた。

これは、コア開発者（ビットコインのソースコード開発者）であるマーク・ハーンとギャビン・アンドリーセンが提案したものだ。

その内容は、2016年1月11日にブロックのサイズをそれまでの1メガバイトから8メガバイトに拡張し、その後、約2年ごとに倍増する。2022年に64メガバイトになり、2036年までブロックサイズの上限を8ギガバイトにまで引き上げる、というものだった。

ところが、これに対しては批判があった。ブロックサイズを拡大すると、扱えるコンピューターが限られてしまうからだ。また、マイニング（ビットコインの採掘）のコストも上昇する。それによってマイニングの寡占化が起こるのではないかと懸念された。

この提案をめぐって、ビットコインのコア・コミュニティでの対立が深まった。そして、合意を得ることができなかったため、ビットコインの価格は、1BTC＝200ドル台にまで下落した。

2015年12月にピーター・ウィールによって、「Segwit」（Segregated witness）

という画期的な方法が提案された。これは、データを圧縮する方式だ。

取引データの電子署名の部分を別枠扱いにして圧縮することによって、ブロックの情報を25％程度にまで圧縮できる。こうすれば、ブロックサイズを拡張しなくとも、これまでの4倍の取引をブロックに含めることができる。

ビットコインのコア開発者たちと取引所のグループはこれを支持した。しかし、手数料が引き下げられる可能性があるため、マイナーは反対した。

努力がなされたが、合意が得られなかった

その後の新たな提案や支持・不支持の動きは、つぎのとおりだ。2017年3月中旬、マイナー（ビットコインの採掘者）のグループの間で、「ビットコイン・アンリミテッド：Bitcoin Unlimited」への支持が広がった。これは、ブロックのサイズを現在の1メガバイトから拡張する提案だ。ブロックサイズの拡張なのでハードフォークになる。

2017年3月12日に、「BIP148」という新しい提案が出された。8月1日以降も、マイナーは従来のビットコイン（「Segwit」のシグナルをつけないビットコイン）を採掘することができる。複数の取引系列に分岐が起こるが、これはハードフ

ォークではない。

２０１７年5月23日に行なわれた「コンセンサス２０１７」という会合で、デジタル・カレンシー・グループ（ＤＣＧ）という団体が、「Segwit2x」と呼ばれる提案をした。

これは、80％の合意があれば、「Segwit2x」を実装し、さらに6ヵ月後にブロックサイズを2メガバイトに引き上げようという提案だ（これが、ＢＩＰ91だ）。この提案は「ニューヨーク協定」と呼ばれ、56社のビットコイン大手企業が賛意を表明した。

「ＢＩＰ91」に賛成するマイナーのシグナルの発信が、7月19日未明から始まり、21日9時にその導入が決まった（「ＢＩＰ91」がロックインされた）。そして、23日に、正式にアクティベートされた。


ビットメインのジハン・ウーが「ビットコインキャッシュ」を作る

「ＢＩＰ91」への支持が多数になったことで、ひとまず分裂は回避されたが、8月1日に、中国の大手マイニング会社らが主導して「ビットコインキャッシュ」（ＢＣＣ、またはＢＣＨ）という新しい仮想通貨が生み出された。

この構想を推進したのは、ビットコインＡＢＣ（Adjustable Blocksize Cap：調整可能なブロックサイズ上限）というチーム。

ビットコイン（以下ＢＴＣ）には、取引が急増する中で、取引スピード低下などの「拡張可能性問題」があったが、これを解決するための一つの方策として、取引を記録するブロックのサイズの上限を８メガバイトまで拡大しようとしたのがＢＴＣだ。

さらに、２０１７年10月24日には、「ビットコインゴールド」が誕生した。

仮想通貨の価格動向

ビットコイン価格は、２０１７年を通じて上昇を続けた。特に11月以降は急激な上昇を示し、12月16日に１ＢＴＣあたり１万９４９９ドルの最高値をつけた（ＢＴＣはビットコインの単位）。ところが、12月20日に急落した。12月23日には、一時１万２０００ドルになった。

このような価格動向の急変は、先物市場が導入されたためと考えられる。

２０１７年12月10日にシカゴ・オプション取引所（ＣＢＯＥ）がビットコインの先物取引を開始した。それに続き、シカゴ・マーカンタイル取引所（ＣＭＥ）も18日に開始した。

先物取引が導入されることの意義は、弱気見通しが市場価格に反映されるようになったことだ。これまでは、ビットコインの将来の価格に弱気の見通しを持っていても、それは、「ビットコインを買わない」という消極的な方法でしか示すことができなかった。ところが、先物売りが可能になったことで、弱気の見通しを市場価格に反映させることが可能になった。

ビットコインの価格下落は、ビットにとって望ましくないことであろうか？むしろ逆であって、送金の手段という見地からすると、ビットコインが使いやすくなっていることを意味する。

仮想通貨の本来の役割は、決済や送金だ。この観点からいえば、価格が上昇することは望ましくない。送金手数料も上昇してしまうからである。２０１７年秋から18年初めにかけては、そのような状態だった。

現在では、こうした状況はかなり是正されている。

第3章 ブロックチェーンの応用(2) 銀行も導入

日本の銀行が、独自の仮想通貨を発行したり、勘定系にブロックチェーンを応用したりする実験を行なっている。これによって、銀行の業務体系や金融・通貨の仕組みが大きく変わる可能性がある。また、中央銀行が仮想通貨を発行する可能性もある。ただし、これらは、「プライベート・ブロックチェーン」を用いている。この点で、ビットコイン型の仮想通貨とは大きく異なる。

1　金融機関によるブロックチェーン導入の雪崩現象

欧米の銀行が進める仮想通貨の導入実験

銀行による仮想通貨の導入は、UBS（スイスに本拠を置く世界有数の金融持株会社。元々はスイス・ユニオン銀行）がすでに2014年に提案していた。[1] また、シティバンクなどで実験が始まっていた。[2]

2016年には、大手の金融機関や公的機関が、ブロックチェーン技術の重要性を認識し、その導入に向けての検討や実証実験をつぎつぎに始めた。

16年の中頃には、雪崩現象といってよいほどの急激な動きが見られた。まだ実験段階であり、実際のビジネスに影響を与えているわけではないが、金融産業が将来大きく変わることを予感させる。

仮想通貨技術は、これまでのようにリバタリアン（完全自由主義者）の世界の出来事ではなくなった。そして、エスタブリッシュメント世界の中核を揺るがそうとしているのである。

シティバンクは、独自の仮想通貨を導入する実験を行なっている。UBSは、金融機関のバンクアカウント間で利用することを想定した「セトルメントコイン」の開発に着手している。これは、各金融機関が、市場取引の結果を共通の元帳に載せてやり取りをし、その結果をもとに、各口座への割り振りや決済を行なうシステムだ。

ドイツ最大のメガバンク、ドイツ銀行は、ブロックチェーンが金融取引のあらゆる分野に大きな影響を与えるとして、導入に向けた検討を行なっている。[3] ニューヨーク・メロン銀行などによる取り組みも発表されている。[4]

ブロックチェーン技術のスタートアップ企業であるR３は、分散型元帳プロトコルによる金融市場の効率化に取り組む世界最大級のワーキンググループだ。クレディ・スイス、JPモルガン、UBSなど世界トップの金融機関が最初のメンバーだ。その後、ウェルズ・ファーゴ、BNPパリバなども加わり、30行のグループとなった。日本からは、三菱UFJフィナンシャル・グループ、みずほ銀行、三井住友銀行、野村証券、SBIホールディングスが参加している。

マイクロソフトも、ブロックチェーン技術に関する新たなサービスを、マイクロソフト・アジュア（Microsoft Azure）上に展開しようとしている。これは、グローバルなデータセンターのネットワークを通じて、実行プログラムの生成、利用、管理などのサービスを提供しているクラウド・コンピューティング・プラットフォームだ。

その後も、銀行によるブロックチェーン導入への試みは広がっている。

アイルランド銀行は、ブロックチェーン実証実験を良好な結果で完了したと発表した。[5] これまでブロックチェーンの導入に取り組んできたのは欧米の銀行が主だったが、最近では、アジアの銀行も取り組み始めた。[6] 日本以外では、シンガポール開発銀行とスタンダード・チャータードなどがある。韓国の国民銀行（KB Kookmin Bank）は、より安全でより速い国際送金サービスのためにブロックチェーンを用いるシステムを開発中と発表した。

外為取引決済サービス業者であるCLSグループは、16年9月、同社の顧客はブロックチェーンを用いた新たな為替サービスを利用できるようになると発表した。なお、CLSグループを通じた決済は、世界の為替取引の大部分を占める。従来の決済システムは、取引記録を一括集中管理する中央集権型だった。CLSのような決済会社が売買当事者の間に立つことで、当事者は決済リスクを回避できる。将来は「ＳＷＩＦＴ（国際銀行間通信協会）」が運営する既存の銀行間メッセージ通信サービスにとっての脅威となる可能性がある。

日本の銀行も取り組む

日本でも、ブロックチェーン導入に向けての動きが急速に展開している。マイナス金利によって銀行の収益が圧迫されていることもあり、新技術の導入でコストを引き下げるのは、銀行にとって緊急の課題だ。

２０１６年2月1日の朝日新聞は、三菱ＵＦＪフィナンシャル・グループが独自の仮想通貨を開発中と、1面トップ記事で報道した。[7] この仮想通貨は、「ＭＵＦＧコイン」と名付けられた。この記事によると、同行に口座を持つ人が「1円＝1ＭＵＦＧコイン」の比率で預金をコインに交換できる。三菱東京ＵＦＪ（現、三菱ＵＦＪ、以下同じ）の海外拠点の口座に送ると、現在４０００円前後の手数料が大幅に安くなる。また、スマートフォンに取り込んだコインを、空港などで外貨で引き出せる。同行に口座を持たない人がコインを利用できる仕組みも検討されている。

２月16日には、みずほフィナンシャルグループも、電通国際情報サービス

（ＩＳＩＤ）、カレンシーポート、日本マイクロソフトと、16年2月からブロックチェーン技術の実証実験に取り組むと発表した（カレンシーポートは、取引記録や決済手続き、監査機能をシステムに組み込むための基盤技術を開発するスタートアップ企業）。４社は、ブロックチェーン技術は高速・安全・廉価なシステム構築実現の可能性があるとしている。

２月22日、オリックス、オリックス銀行、静岡銀行、ＮＴＴデータ、ＮＴＴドコモ・ベンチャーズの5社は、ブロックチェーン技術を金融サービスに応用する共同研究を始めることで合意したと発表した。

勘定系への適用

銀行業務の基幹システムである勘定系に適用できるかどうかの実証実験も進められている。

住信ＳＢＩネット銀行は、２０１５年12月16日、野村総合研究所等の協力を得て、ブロックチェーン技術を活用した将来の基幹・業務システム構築を目的とした実証実験を行なうと発表した。この実験によって、ブロックチェーン技術を基幹システムや業務システムに適用する場合の検証事項を洗い出す。また、検証用プロトタイプシステムを構築し、銀行業務への適用における成果や課題を検証するという。

実験の結果、ブロックチェーン技術を用いて振込、入金、出金、残高照会、入出金明細照会等の業務を行なうのに成功したと、ブロックチェーン企業のテックビューロが16年の４月に発表した。[8] 日本経済新聞などもこれを16年４月18日に報じた。[9]

横浜銀行や住信ＳＢＩネット銀行は、ブロックチェーンを用いる24時間３６５日稼働の送金システムの構築を目指して、検討を進めている。これによって、銀行側が負担する送金コストが従来の10分の１から20分の１に下げられるという。[10]

また、三菱東京ＵＦＪ銀行と日立製作所は、ブロックチェーンで小切手の決済ができるシステムの開発を行なう。

銀行の勘定系は、情報システムの中で要求が最も厳しい分野だ。現在はメインフレーム・コンピューターを使っているので、信じられないほど多額のコストがかかっている。これがブロックチェーンによって代替されれば、銀行にとっては数百億円規模の節約になるだろう。この分野にブロックチェーン技術を導入することの意味は大きい。銀行の基幹システムが、これまでとは大きく異なるものになる可能性がある。

特に重要なのは、国際送金だ。本書の補論で説明しているように、現在の仕組みでは、取引が完結するまでに多数の仲介機関が存在する。これらの機関は独自のデータベースを用いて取引の整合性や勘定の照合を行なっており、それに多大なコストと時間がかかる。ブロックチェーンを用いれば、コストが下がり、時間がほとんどゼロにまで短縮すると期待されている。

11月16日の日本経済新聞の報道によれば、シンガポールの金融通貨庁（中央銀行と金融庁を合わせた機関）が、仮想通貨技術を使った資金取引の実証実験を始める。三菱ＵＦＪフィナンシャル・グループのほか、バンクオブアメリカ、メリルリンチ、クレディ・スイス、ＨＳＢＣ、Ｒ３などが参加する。まず銀行間の取引への効果を検証し、その後は国際取引を検討する。

一般に公開される三菱ＵＦＪの仮想通貨

２０１６年６月10日付の朝日新聞は、１面トップで、三菱東京ＵＦＪ銀行が独自の仮想通貨を２０１７年秋頃から一般に公開することを報じた。[11]

同銀行が独自の仮想通貨を実験中であることは報道されていたが、一般の人が利用できるというのは、画期的だ。大手銀行による仮想通貨の発行が実現すれば、世界で最初のものになる可能性がある。

これまで仮想通貨を送金手段として用いる場合に、つぎの３つの問題があった。

第1は、価格変動が激しいこと。第2は、銀行預金との交換が容易でないこと。第3は、決済の確認に10分程度の時間が必要であることだ。三菱東京ＵＦＪの仮想通貨は、これら3点の問題を解決すると考えられる。

特徴は、円との交換価値を一定にしたことである。これは送金手段としての役割を強調するものだ。

ただし、その普及のために乗り越えるべき障害がいくつかある。

第1は消費税である。仮に三菱東京ＵＦＪの仮想通貨が仮想通貨とみなされると、消費税の問題が発生した。第2章で述べたように、日本では仮想通貨を購入するときに消費税がかかっていた。仮想通貨を用いて支払いをする場合には別途消費税がかかるので、二重の負担になる。ただし、この問題については、非課税扱いとする税制改正がなされた。

第2は規制上の問題だ。そもそも銀行による仮想通貨の発行が、現行の銀行法で認められるのかどうか、はっきりしない。金融庁が三菱東京ＵＦＪの仮想通貨をどのように性格づけるか、まだ分からないが、ビットコイン型の仮想通貨ではなく、電子マネーの一種とみなすのではないかと報道されている。

しかし、この考えは妥当なものとは思われない。これについては、第2章の2で論じた。また、「補論A　仮想通貨と電子マネーの法律上の定義」で詳細に論じている。

他のメガバンクも追随する

MUFGコインは、現在存在する多数の仮想通貨と同じようなものだ。ただし、つぎの3点で異なる。第1に、三菱東京UFJ銀行という管理者が存在していること。第2に、用いられるブロックチェーンがパブリック・ブロックチェーンでなく、プライベート・ブロックチェーンであること（この違いについては、本章の2を参照）。第2に、価格を円に対して一定に保つこと。これは、管理者である三菱UFJが、売買をすることによって行なう。

仮想通貨が銀行のバランスシートでどのように扱われるのかという会計上の扱いはまだ決まっていないが、同行の負債として扱われるだろう。

MUFGコインの利用が増えると、預金は減少する。しかし、他方でコインという負債が増えるので、負債の総額は変わらない。したがって貸し出しも影響を受けないだろう。つまり、銀行の信用創造過程は影響を受けないだろう。

同行に口座を持たない人でも、MUFGのワレット（財布）を作れば利用できるようにすると報道されている。口座を持つ人だけに限定するのでは、利用可能性が制限されるからだ。ＭＵＦＧのワレットを持っている人の間では、送金・決済はこれで行なわれるだろう。個人のみならず企業も利用するだろう。

では、他のメガバンクも同様のコインを発行した場合、それらの間での送金はどうなるか？　たとえば、ＭＵＦＧコインを持っている人が、みずほ銀行の仮想通貨（「みずほコイン」と呼ぶことにする）のワレットを持っている人に送金したい場合にはどうするのか？

これは、日本人がアメリカ人にドルを送金する場合のようなものだ。それには、取引所あるいは交換所でＭＵＦＧをみずほコインに替えて、それを送金すればよい。

固定価格制をとるか変動価格制をとるか

この場合、固定価格制をとるか変動価格制をとるかの選択がある。固定価格制をとった場合（すなわち、どの銀行の仮想通貨も、1単位が1円とされる場合）、商品やサービスに複数の価格が付く可能性がある。

こうなるのは、銀行が発行する仮想通貨で、使い勝手に差があり得るからだ。メガバンクが作る仮想通貨がどの程度受け入れられるかは、使いやすさや付帯サービス、そして受け入れる店舗数などによって決まる。同じように1コイン＝1円と設定したとしても、実際の価値が変わってくる。つまり、一つのものに対して複数の価格がつくことがあり得る。

たとえば、「タクシーの料金が、日銀券での支払いなら700円だが、MUFGコインでの支払いなら600円で済む」ということが生じ得る。こうなるのは、タクシー会社にとっての事務処理コストが、MUFGコインなら日銀券より安くなるからだ。タクシー会社は、コスト減少の一部分を、価格を引き下げることによって利用者に還元するのである。そうした事態が生じれば、MUFGコインは急速に広がり、日銀券は駆逐される。

このような二重価格は、空想上のものと思われるかもしれない。しかし、部分的には現実にも、すでに行なわれている。たとえば、コンビニエンスストアや百貨店のカードで買い物すると、割引されたりポイントが付いたりする。これは、右に述べたのと同じことだ。

他の銀行も同じような通貨を発行することになれば、さまざまな銀行の仮想通貨間で競争が起きるだろう。そして、「ある銀行の仮想通貨なら割引率が高いが、他の銀行の場合は低い」といったことが生じるだろう。ただし、このように通貨によって異なる価格がつくのでは、煩瑣なことになる。

固定価格制をとる場合のいま一つの問題は、国際収支の経常収支で黒字・赤字が発生するのと同じように、仮想通貨間で黒字・赤字が発生することだ。

これを、現在ある銀行間の送金システム（全銀ネットと日銀ネット）で処理することも考えられるが、それではコストがかかり、仮想通貨を導入するメリットが減殺されてしまう。

以上を考慮すると、変動価格制をとるのがよいと思われる。つまりどの仮想通貨も1単位が1円になるのでなく、前述の使いやすさなどを反映する価値の差を認めるというものだ。ただし、実際には、その差はあまり大きくないだろう。また、変動も、外国為替のような大幅で急激なものにはならないだろう。

変動価格制をとれば、右に述べた通貨間の黒字・赤字は、価格の変動で調整されて消滅し、残高を決済する必要はなくなる。したがって、仮想通貨については、現在ある銀行間の送金・決済システムを用いる必要がなくなるわけだ。こうして、仮想通貨は、日銀ネットを必要としない通貨になる。

この世界では、仮想通貨間の競争が発生する。これがどのような意味を持つかは、第5章の4で論じることとする。また、仮想通貨を用いる取引が増えると、中央銀行の決済システムの外に経済圏ができる。この問題についても、第5章の4で論じることする。

ネットバンキングや電子マネーとの違い

銀行が仮想通貨を発行すれば、利用者の利便性が高まる。ＡＴＭまで行かなくとも済むからだ。ただ、現状でも、ネットバンキングを使えば同じことができる。また、電子マネーでも類似の利便性は得られる。

そして、銀行が発行する仮想通貨は、銀行という管理主体が存在する点で、ビットコインのような仮想通貨とは異なる。この点を捉えれば、従来の電子マネーと似た側面がある。ただし、電子マネーとは送金コストの点で決定的に異なる。

電子マネーにしても、フィンテックで登場しているさまざまな送金手段にしても、基本的に銀行の決済システムの上に構築されている。つまり最終的な決済は、銀行の決済システムで行なわれるわけである。したがって、その送金コストは、平均的にみれば、銀行の送金コストを下回ることができない。つまり送金コストの引き下げには限界がある。

それに対して、仮想通貨はブロックチェーンを用いて取引記録を管理するので、送金コストを従来の手段より飛躍的に下げることが可能になる。

2　プライベート・ブロックチェーンは悪魔との契約か

管理され、参加者が限定されたブロックチェーン

ブロックチェーンの技術に銀行が興味を示すようになったのは、大きな変化である。そして、それは、歓迎すべき変化だ。

ただし、銀行が用いるブロックチェーンは、ビットコインのような仮想通貨が用いているものとは性質が異なるものであることに注意が必要だ。

ビットコインなどの仮想通貨のブロックチェーンは、「パブリック・ブロックチェーン」と呼ばれ、誰でもコンピューター・ネットワーク（P2P）に参加することができる。信頼できない参加者が入ってくる可能性があるため、不正がなされる可能性がある。それを防止するために、「プルーフ・オブ・ワーク」（PoW）という計算作業を課し、データの改竄が事実上できないようにしてある（第1章参照。また、『仮想通貨革命』第2章参照）。何度も繰り返すが、「管理者がいないこと」「改竄が不可能なこと」が重要な特性だ。

ところが、銀行が導入しようとしているブロックチェーンでは、銀行という管理者

が存在し、P2Pを構成するコンピューターを銀行が選定する。これは、「プライベート・ブロックチェーン」と呼ばれるものだ。ここには、許可された人しか参加することができない（なお、仮想通貨でも、リップルはこれと近い「コンソーシアム型ブロックチェーン」と呼ばれるシステムを採用している。「コンソーシアム型」については、後で説明する）。

経済産業省の「ブロックチェーン技術を利用したサービスに関する国内外動向調査」報告書概要資料（2016年4月）は、ブロックチェーンは従来の集中管理型のシステムに比べて、つぎの特性があるとしている。

① 改竄がきわめて困難

② 実質ゼロ・ダウンタイムなシステム（「ゼロ・ダウンタイム」とは、停止しないこと）

③ 安価に構築可能

ここには、「オープンで管理者がいない」という第1章で述べた特徴が掲げられていない。これは、プライベート・ブロックチェーンを想定しているからだろう。

パブリックとプライベートの比較

ビットコインを送金の手段として使う場合、問題があるのは事実だ。特に、取引の確認に10分程度の時間がかかることが障害になる。それに対してプライベート・ブロックチェーンでは、参加者は信頼できる主体だけに限定されているので、PoWを課していない。このため、取引記録確認はパブリック・ブロックチェーンより速く行なわれる。また、運営のためのコストも低く抑えられる。だから、ブロックチェーンをデータベースとしてみた場合には、パブリック型はプライベート型に勝てない。

しかし、プライベート・ブロックチェーンには大きな問題がある。それは、管理者が存在し、管理者に対する信頼によって成立していることだ。

パブリック・ブロックチェーンのP2Pネットワークには、管理者が存在せず、PoWを課すことで信頼性を確立している。参加者に信頼性を要求せずにシステムを運営できるというのが重要な点だった。この点に自由主義的な魅力があった。プライベート・ブロックチェーンでは、この性格は消滅している。コスト削減が目的であり「自由主義的でオープンな仕組み」とは異なるものだ。

もちろん、ビットコイン型の仮想通貨と銀行の仮想通貨が共存することは、十分考えられる。銀行のシステムは銀行間の決済にだけ用い、それにさまざまな主体が提供する仮想通貨が接続し、事業主体や消費者が利用するという形態も考えられる。あるいは取引自体はこれまでと同様の集中的なシステムで行ない、データの管理をブロックチェーンを用いて行なうという方式も考えられる。

なお、PwCは、いずれ、どんな企業でもその会社なりのブロックチェーンを有するようになると予測している。[12] アプリケーションごとに一つずつ、一つの会社で数百ものブロックチェーンを使うようになるというのだ。

6つのノードで大丈夫か

本章の1で紹介した住信SBIなどのプロジェクトに関して、前述のように、テックビューロがレポートを発表している。それによると、プライベート・ブロックチェーン・プラットフォーム「mijin」が、銀行における第三者実証実験によって勘定系システムへの適用性を証明したとしている。

ただし、実際に提案されている新しい仕組みについて疑問がないわけではない。テックビューロの発表によれば、6台のコンピューターでP2Pを構成したという。第1章の1で述べたように、ビットコインの場合にブロックチェーンの運営に参加するコンピューター数は、7000〜1万台程度といわれる。いかにパブリックとプライベートの違いがあるとはいえ、コンピューター数が違いすぎる。

アタックに対して強いことが証明されたとされるが、問題は、ノード（Ｐ２Ｐを構成するコンピューター）が結託して記録を書き換えてしまわないかということだ。「銀行が管理する仕組みだから、そうしたことは起こらない」ということなのだろうが、完全な安全性を確保できるのか否か、疑問なしとしない。

金融庁は、こうしたシステムを認めるだろうか？　また、どの程度の安全性を要求するだろうか？（たとえば、Ｐ２Ｐを構成するコンピューターの数に条件を付さなくてよいだろうか？）こうした問題が、これから検討されていくことになる。

なお、Hyperledger Project (Linux Foundation が中心となり、世界の先進的ＩＴ企業が協力して、ブロックチェーン技術の確立を目指すプロジェクト）では、標準的な環境でのノード数は15であるとしている。[13] また、「完全に分散化されたコンセンサス・プロセス」では、50社によって保有される２００のノードがあるという。[14]

許可型と非許可型

以上では、パブリック・ブロックチェーンとプライベート・ブロックチェーンという言葉を用いた。「許可型と非許可型」という区別がなされる場合もあるので、この

図表3－1　パブリック・ブロックチェーンとプライベート・ブロックチェーン

	管理者	P2Pへの参加	PoW
パブリック・ブロックチェーン	なし	自由	あり
コンソーシアム・ブロックチェーン	複数企業	許可制	なし
プライベート・ブロックチェーン	単一企業	許可制	なし

点に関して説明しておこう（図表3－1参照）。

許可型ブロックチェーン（Permissioned blockchain）では、複数または一つの組織（企業や団体）によって許可されたコンピューターが、取引の承認者となる。これに対して、非許可型（permissionless）では、誰もがP2Pに参加できる。

許可型ブロックチェーンはプライベート・ブロックチェーンとほぼ同義であり、非許可型はパブリック・ブロックチェーンとほぼ同義だ。本書も、この用法に従っている。

許可型では、承認者を選ぶ管理主体が存在する。このため、分散度が低いシステムになる。その半面で、取引承認のスピードは速い（通常、数秒以内。Hyperledger では、1秒間に10万件の取引を処理できるという）。

パブリック・ブロックチェーンは取引履歴が全世

界に公開されているため、秘密情報を扱うのは難しい。また、ブロックチェーンの仕様変更には、コミュニティの合意が必要とされる。他方、許可型では、情報の公開制限やブロックチェーンの仕様変更が簡単にできる。このため、企業や組織が内部的に運用するのに適している。

「コンソーシアム・ブロックチェーン」という概念もある。これは、許可型ブロックチェーンの一種で、管理主体が複数の組織からなるブロックチェーンだ。複数の金融機関によって共同で運用されるブロックチェーンは、コンソーシアム型だ。

ファウスト博士の契約？

パブリック・ブロックチェーンの持つ公開性・透明性という性質は、もともと銀行にとって受け入れがたいものだ。銀行の優位性は、相手に対して情報の非対称性を持っていることによるものが多いからだ。ブロックチェーンで取引が公開されることなど、銀行には耐えがたいことだろう（もっとも、暗号化されているから、取引者が誰であるかが直ちに明らかになるわけではない）。

他方で、ブロックチェーンを用いることによるコスト低下の効果は、疑いもなく大きい。プライベート・ブロックチェーンは、この矛盾を解決するための妥協と考えることができる。

タプスコットは、『ブロックチェーン・レボリューション』の中で、「プライベート・ブロックチェーンは『ファウスト博士の契約』だ」という、あるブロックチェーン専門家の言葉を紹介している。この表現は誠に適切なもので、プライベート・ブロックチェーンの本質を突いていると思う。若返ることの見返りに魂を渡そうというファウストと同じように、銀行はコスト低減の見返りに公開性・透明性を引き渡そうとしているというのだ[注]。

プライベート・ブロックチェーンにおいても、ある程度の数のコンピューターがデータ記録作業にかかわれば、「分散性」という特質は維持できないわけではない。したがって、攻撃に対して強靭であるという利点は確保されるといえるだろう。この特性を生かして、中央集権システムの中に組み込んで、特定の業務目的に特化したデータベースとして活用するという方向が考えられているのだ。

問題はつぎの諸点だ。

第1は、すべてのノードが結託してデータを書き換えることがあり得る。「信頼できるコンピューターだけがノードになっているから、悪事を働くことはない」と考えられているのだろうが、こうしたことが絶対にないとはいえない。

第2に、管理者がモニターしている。これは、良い方向にも悪い方向にも働き得る。事態に応じて柔軟に対処することができるが、半面において、管理者の都合がよいようにブロックチェーンのルールが変えられるかもしれない。

第3に、第1章の2で述べたカウンターパーティー・リスクがある。プライベート・ブロックチェーンでは、相手を信頼する必要がある。しかし、銀行といえども、金融危機のさなかには、突然破綻してしまうかもしれない。

以上を要するに、プライベート・ブロックチェーンとは、単なる分散型のデータベースに近い存在だということだ。分散しているために攻撃には強いし、コストも安い。しかし、ただそれだけのことであって、「管理者が不要で改竄がほぼ不可能」という最も重要な特性は、捨て去られてしまっている。したがって、いくらプライベート・ブロックチェーンを活用したところで、trustless な（信頼を必要としない）社会が実現できるわけではない。

この点は重要なので、繰り返そう。「管理者が不要で改竄がほぼ不可能」という特性は、パブリック・ブロックチェーンについてのものである。ところが、新聞記事の解説などでは、銀行の仮想通貨のようにプライベート・ブロックチェーンまたはコンソーシアム・ブロックチェーンを用いている場合においても、「改竄が難しいという特性を持つブロックチェーン技術を用いている」との説明がなされることが多い。前記、経済産業省の報告書でも、そうした説明を行なっている。しかし、少数のノードで形成されPoWを課さないシステムでは、ノードが結託して記録を書き換えることは、不可能ではないと考えられる。

しかも、データベースとしてみた場合には、ブロックチェーンは必ずしも性能がよいわけではない。特に頻繁に書き換えが必要なデータの記録には向いていない。

銀行や企業は、ブロックチェーンを「書き換えの必要がないデータについての、安価なデータベース」とみなしているようだ。

パブリック型とプライベート型の違いについて、もう一つ重要なことを追加しておこう。それは、技術革新のスピードだ。

一般に、開放的なシステムでは、さまざまな人や組織が関与するので、技術革新が起こりやすい。それに対して閉鎖的なシステムは、いったん採用したシステムがそのまま続きやすい。銀行の場合、現行の諸規制に適合したようなシステムがいったん採用されると、規制が変わらない限り技術も不変にとどまる結果になることが、十分起こり得る。この問題があるため、長期的にみると、パブリック・ブロックチェーンが優越する可能性が強い。

（注）ゲーテの『ファウスト』で、ファウスト博士は、悪魔メフィストーフェレスと、「若返って広い世界のすべてを経験できるが、その代わり、ファウストが満足したとき、魂はメフィストーのものとなる」という契約を交わす。

3　大胆なリブラ構想が公表された

アメリカのＳＮＳ提供企業であるフェイスブックが、仮想通貨「リブラ」を発行する計画を２０１９年の６月に発表した。

リブラについて多くの人が注目したのは、その規模がきわめて巨大になりうることだ。そのために、さまざまな問題が生じると考えられたのである。

確かに、フェイスブックの利用者は全世界で24億人とか27億人と言われているので、これらの人がすべてリブラを使えば、現存するあらゆる通貨圏より大きなものが実現する可能性がある。

直ちに、世界的に大きな反響が生じた。各国の政府や中央銀行は、これに対して否定的な評価をし、「強い規制が必要」という方向で一致した。

リブラは、電子マネーではなく仮想通貨だ。両者はキャッシュレスの手段という点では同じなのだが、その仕組みや経済に与える影響は全く違う。

価格が安定した仮想通貨は、ステイブルコインといわれる。これまでさまざまな試みがなされてきたが、満足できるものは存在しない。

仮にリブラが価格安定化に成功すれば、リブラは、ビットコインが行なおうとして実現できなかったことを実現できる可能性を秘めている。リブラは金融システムに革命的な変化をもたらす可能性がある。

ただし、価格を安定化するのは簡単なことではない。

リブラのホワイトペーパーでは、「リブラには実在する資産による確実な裏付けがある。生み出されるすべてのリブラに対してリブラ・リザーブで銀行預金や短期国債のバスケットを保有し、リブラの実態価値への信頼を築く」としている。

しかし、このようなことで価格を安定化できるのかどうかは、不明だ。

4 中央銀行が導入すると事態は大きく変わる

中央銀行が仮想通貨を運営する可能性もある

中央銀行が自ら運営するブロックチェーンで仮想通貨を発行し、これを国の通貨とする可能性もある。

これは、空想上の話ではない。イングランド銀行は、2014年秋に、仮想通貨に関するレポートを出した。[15] また、15年の初めに刊行された報告の中で、中央銀行自身が仮想通貨を発行する可能性について述べた。[16] その後、いくつかのレポートを公表している。[17]

最近では、仮想通貨RSCoinの発行を検討していると報道されている。また、イングランド銀行のエコノミストが、研究論文の中で、中央銀行が独自のデジタル通貨を発行することを推奨している。[18]

カナダ中央銀行も同様の構想を持っている（これは、独自の仮想通貨でなく、ビットコインのような仮想通貨で置き換えることを想定している）。

これらの構想の重要な目的は、中央銀行が仮想通貨にマイナス金利を付すことによって、マイナス金利政策の徹底化を図ることである。

また、第2章の1で紹介したように、ＢＩＳ（国際決済銀行）が15年11月に出した報告書 "Digital currencies" の中で、中央銀行が自らデジタル通貨を発行する可能性について言及している。

その後、この動きは各国に広がっている。16年1月、中国の中央銀行である中国人民銀行も、独自の仮想通貨の発行を計画中と発表した。オランダの中央銀行であるオランダ銀行（DNB）は、3月に発行された年次報告書の中で、「ブロックチェーンは銀行の収益モデルに影響を与える。また、収益を増やし、コストを削減することに役立つ」とした。そして、プロトタイプの仮想通貨「DNBコイン」の開発を検討中だとした。[19] 韓国の中央銀行である韓国銀行も、16年1月に独自の仮想通貨の発行計画を公にした。[20]

中央銀行が独自の仮想通貨を発行して一般の利用に供することは、通貨制度の大きな変更を意味する。このことの意味は、第5章の4で考えることとする。

日本銀行の仮想通貨に対する取り組みとしては、まず、15年12月21日に公開された『デジタル通貨』の特徴と国際的な議論」がある。[21] ここでは、仮想通貨の基本的なメカニズムを説明した後、CPMI報告書（前記したBISの15年11月の報告書）の議論を紹介している。そして、「今後ともデジタル通貨とその技術基盤の動向をフォローしていくとともに、これらが決済システムや金融システム、中央銀行業務などに及ぼす影響について、考察を深めていく必要がある」と結論した。ただし、日本銀行として具体的にどのような対応をするかは、示さなかった。

16年11月17日には、「中央銀行発行デジタル通貨について―海外における議論と実証実験—」というレポートが公開された[22]。
ここでは、中央銀行がデジタル通貨を発行することのメリットとして、つぎの3つのものを挙げている。

〈(1)　ユーザー利便性の向上
現金や小切手などの紙ベースの決済手段の利用に伴うコストはGDPの0・52％に達する（シンガポールの場合）。北欧を中心に社会のキャッシュレス化が進んでおり、銀行券や硬貨の発行・管理に伴うコストを削減しようとする動きが活発化している。
(2)　金融政策の有効性確保
ビットコイン型仮想通貨の利用が拡大すれば金融政策の有効性が低下するので、これを避ける。また、「名目金利のゼロ制約」を克服する。
(3)　通貨発行益（シニョレッジ）
ビットコイン型仮想通貨の利用が拡大すれば中央銀行が得られる通貨発行益が減少するので、それを避ける。〉

なお、中央銀行によるブロックチェーン活用をめぐる議論は、現在流通の銀行券を中央銀行発行電子マネーでものに置き換えること（中央銀行発行デジタル通貨）だけではないとしている。すなわち、中央銀行当座預金はすでにデジタル化されたデータの形で管理されているので、このデータの管理にブロックチェーン技術を活用するという議論も含まれるとしている。

また、中央銀行が一般向けにデジタル通貨を供給する場合、中央銀行口座を広く一般に開放することになるが、このことは、「中央銀行はいかなる主体に口座を提供すべきか」という観点から、興味深い論点を提起する、としている。

さらに、海外の事例として、オランダ、カナダ、イギリス、ロシア、中国などで、検討や実証実験が始まっていることを紹介している。

なお、このレポートの結論も、「海外中央銀行による調査研究や実証実験の動向を丹念にフォローするとともに、自らもさまざまな視点からこの問題への考察を深めていく。そのうえで、BISなどでの国際的な議論にも、積極的な貢献を果たしていく考えである」ということであり、15年のそれとほぼ同じである。日本銀行としてどのような方向を目指すかは、ここには示されていない。

5　中央銀行デジタル通貨

加速するCBDC導入の動き

２０１９年には、中央銀行発行デジタル通貨（ＣＢＤＣ：Central Bank Digital Currency）をめぐる動きが展開した。

特に、デジタル人民元の発行に向けての中国当局の動きが加速化した。「デジタル人民元」とは、中国の中央銀行である人民銀行が発行する仮想通貨だ。

フェイスブックが19年6月に仮想通貨「リブラ」の発行計画を発表したことによって危機感を抱いた中国の通貨当局が、開発を加速化したのだ。

リブラが実現すると、中国からの資本流出の手段に使われる危険がある。中国ではインターネットを検閲しているが、リブラへのアクセスを遮断できるのかどうか、分からない。ビットコインについては、銀行のビットコイン取引を禁止したり、中国国内の取引所を禁止したりしたが、ビットコインのインターネットを通じる取引そのものは禁止しなかった。仮にリブラへのアクセスを制限できたとしても、資本流出を完全に防止するのは難しいだろう。こうした事態を防ぐために、独自の仮想通貨を発行する必要があるのだと考えられる。

デジタル人民元が発行されれば、中国国内では、すべての取引がこれによって行なわれることになる。そして、完全なキャッシュレス社会になる。

中国では、キャッシュレスがすでに進行している。ただし、用いられているのは、アリペイやWechatPayなどの電子マネーだ。ところが、デジタル人民元はブロックチェーンを用いて運営される仮想通貨だ。

仮想通貨と電子マネーは、本質的に違うものだ。電子マネーは、簡単に言えば、銀行口座から預金を引き落とすことを指図する手段である。したがって、利用のためには、銀行口座を開き、自分の口座から電子マネーの管理者の口座に現金を入金しておく必要がある。そして、1回利用すると、それで終わりだ。受け取り者は、それを他の支払いに用いることはできない。つまり、電子マネーは転々流通しない。

それに対して、仮想通貨は、銀行システムからは独立してブロックチェーンという仕組みで運営される。その利用に必要なのは、(PCやスマートフォンなどの機器以外には)「秘密鍵」というパスワードのようなものだけである。そして、転々流通する。

デジタル人民元は、中国国外で利用される可能性がある

電子マネーは銀行システムの上に乗っているので、国境を越えた利用は難しい（アリペイやWechatPayなどは東南アジアに進出しているが、当該国の銀行システムを用いて利用される）。それに対して、仮想通貨は銀行システムから独立して発行されるので、ビットコインに見られるように、国籍はそもそも存在しない。原理的には、世界のどこでも使える。

デジタル人民元は、国外での利用を制限するとは考えられない。むしろ、中国当局は、中国以外の国での利用を積極的に進める可能性が高い。すると、その影響は中国国内にとどまらず、広く全世界に及ぶ。

東南アジアの諸国にはすでに中国の電子マネーが進出しているので、デジタル人民元は容易に普及すると考えられる。つぎは、一帯一路の地域だ。中国はここに積極的な投資を行なっているから、それとの見返りで、利用を推奨する可能性が高い。こうなると、ユーラシア大陸のかなりの地域において、人民元が事実上の共通通貨となる可能性がある。

各国政府がデジタル人民元の使用を制限しようとしても、インターネットを遮断しない限りできない。デジタル人民元の使用を禁止するのは、事実上不可能だ。

日本も、デジタル人民元の影響を免れ得ない。まず、来日中国人旅行客の便宜のために、デジタル人民元を受け入れる店舗が増えるだろう。アリペイは、すでに多くの日本店舗が受け入れている。利用可能店舗は、すでに数十万といわれる。

ただし、アリペイの利用には人民元の預金口座が必要だ。それに対して、デジタル人民元は、人民元の預金残高がなくとも使えるようになるはずだ。そうなれば、日本人でも、支払いに使いたいと思う人が出てくるだろう。もっとも、人民元に対する抵抗感は強いだろうから、国内の送金や決済に使われる可能性は低い。

海外への支払いには圧倒的に便利

ただし、海外送金では、デジタル人民元が広く使われる可能性がある。

これについて、現在の仕組みは、手数料が高いことや、時間がかかることなどの問題がある。

来日外国人労働者が国内に仕送りをする場合、現在のシステムでは非常にコストがかかる。また、日本の企業が外国の専門家に仕事をアウトソースしようとしても、送金コストが高くなりすぎるため、海外との分業があまり進まない。日本の人手不足は今後さらに深刻化するので、新しい決済手段を利用して国際分業を進めることは、日本企業の効率化を進める上で、大変重要な課題だ。

決済情報を中国に握られる可能性

国際決済銀行（BIS）は、中央銀行が発行する仮想通貨の問題を、2017年8月に発表した四半期報告で取り上げた。同報告は、中央銀行が発行する仮想通貨を、「ホールセール型」と「リテール型」に区別した。

日本の場合でいえば、日銀の債務としては、日銀券と民間銀行が日銀に持つ当座預金がある。これらのうち、当座預金を仮想通貨にするものがホールセール型だ。それに対して、日銀券を仮想通貨にするのがリテール型だ。

銀行が日銀に持つ当座預金を振り替える業務は、日銀が運営する「日本銀行金融ネットワークシステム（日銀ネット）」によって行われている。ホールセール型は、日銀ネットが行っている決済を、ブロックチェーンを用いる分散台帳方式に切り替えるのだ。

現時点では、デジタル人民元がどちらのタイプのものになるかは明らかにされていない。リテール型の場合は、個人や企業もデジタル人民元を使う。ただし、企業や個人が直接に人民銀行からデジタル人民元を購入するのでなく、「最初に、人民銀行が金融機関の当座預金をデジタル人民元に替え、つぎに、金融機関が企業や個人の預金をデジタル人民元を交換する」という2段階の仕組みになる可能性もある。

ホールセール型の場合は、金融機関だけが使う。そして、個人や企業はアリペイやWechatPayなどの電子マネーを使う。これらの間の資金決済を人民銀行のネットワークが行なうという形になるだろう。

中国人民銀行は、網聯（ワンリェン）というシステムを、18年6月から運用開始した。これは、日本の「全銀ネット」と同じような仕組みだ。アリペイやWechatPayなど決済業務は、すべて網聯プラットフォームを通じて処理されることとなった。これは、ホールセール型の導入を予定しているからかもしれない。

リテール型とホールセール型で大きく違うのは、秘密鍵やパスワードの扱いだ。仮にリテール型になって、国民のすべてが秘密鍵やパスワードを持つのであれば、中国政府は、国民の管理のために極めて強力な武器を得たことになる。

なお、原理的には、中央銀行が発行する仮想通貨には、匿名性のあるものと、ないものが考えられる。原理的には、本人確認を行なわない匿名性の通貨も考えられる。

匿名性のある中央銀行仮想通貨とは奇妙なものと思われるかもしれないが、現在の中央銀行券は匿名通貨であるから、それと同じものを出すだけのことだ。この場合には、国民のプライバシーは守られる。

しかし、マネーロンダリングなどの不正使用を防止することを重視すれば、厳密な本人確認が行なわれる。その場合には、中央銀行仮想通貨を用いる取引は、細大漏らさず中央銀行に把握される。

中央銀行が仮想通貨を発行すれば、ほとんどすべての送金・決済はこれを用いて行なわれることになるので、事実上すべての取引を中央銀行に把握される。つまり、少なくとも経済活動に関する限り、国民のプライバシーはなくなるわけだ。

デジタル人民元については、匿名性のないものとなることがほぼ確実だ。アリペイやWechatPayは匿名性のない通貨であり、上述のように、それと連動する形のものになるだろうからだ。

そしてアリペイやWechatPayでは、すでに取引のデータを信用度スコアリングなどに用いている。だから、デジタル人民元が日本で使われるようになれば、企業や個人の支払いの詳細なデータが中国当局に筒抜けになる。

日米欧でもCBDCが実現するか？

すでに見たように、デジタル人民元は、日本で使われる可能性も否定できない。そうなると、通貨主権が奪われ、取引情報を中国に握られる危険がある。これを防ぐには、自国で使い勝手の良い中央銀行デジタル通貨を発行し、これを国民が使うしかない。

自国の中央銀行が発行したところで、リテール型のものとし、かつ非匿名性とすれば、プライバシーの問題は残る。ただし、「中国人民銀行にプライバシーを握られるよりは、自国の中央銀行に握られるほうがまだまし」という考えはあるだろう。

欧州連合（EU）は、2019年の12月に、欧州中央銀行（ECB）によるデジタル通貨「デジタルユーロ」の発行を検討すると発表した。

2020年のはじめには、中央銀行が発行する仮想通貨（CBDC）について、日本銀行やイングランド銀行（BoE）を含む6つの中央銀行と国際決済銀行が共同研究を始めることが合意された。

ただし、コロナウィルス問題が発生したので、これらの試みの導入は停滞している。

CBDC導入の意味

西側諸国でのCBDC導入は、単にデジタル人民元への対応というだけのためのものではない。

ＣＢＤＣが導入され、かつ末端レベルのキャッシュレス化が進めば、支払い決済のコストは低下する。また、24時間３６５日稼働が実現することの意味も大きい。即時決済（ＲＴＧＳ）が可能になるため、システミックリスクを防ぐことができる。

さらに、海外への送金コストが低下するため、海外の企業との分業が進むだろう。これによって、経済の生産性は向上する。生産性が低い日本で、きわめて重要な意味を持つ。

ＣＢＤＣが導入されれば、金融政策には大きな影響を与えうる。特に、リテール型のＣＢＤＣが発行された場合にはそうだ。

第1に、中央銀行がリアルタイムで経済の現状を把握しうるから、政策の対応は早くなりうる。これが望ましいか否かについては、慎重に検討する必要がある。

中央銀行が経済のファインチューニングを行なうのが望ましいかどうかは、経済学者の間で長く議論されてきたテーマだ。ミルトン・フリードマンは、通貨供給量の増加率を経済情勢のいかんによらず一定に保つべきだと主張した。

第2に、中央銀行の負債に金利（マイナス金利を含む）を付すことが可能になる。現在は、民間銀行が中央銀行に保有する当座預金にしか金利を付すことができないが、リテール型CBDCの場合には、通貨そのものに金利を付すことが可能になる。これは、金融政策の自由度を高める。ただし、中央銀行がそれほど強い権限を持つことが望ましいか否かは、大きな問題だ。

中国の場合にはすでに電子マネーが普及しているので、国内経済面でいま以上の大きな効果があるとは思えない。中国がデジタル人民元の導入に熱心なのは、(資本流出対策のほかに)送金情報の収集と人民元の国際化が目的だからだろう。

一方、リブラのホワイトペーパーによれば、リブラは、いずれは「パブリック・ブロックチェーン」(誰もが参加できるブロックチェーン)で運営され、本人確認を行なわない秘密鍵を付与するとされていた。取引情報の把握という点で、デジタル人民元とリブラは両極端にあるのだ。「どちらのシステムを選ぶべきか?」というのが、広範に用いられる仮想通貨に関する最も本質的な問いである。

第4章
在来技術型のフィンテックとその限界

新しい送金・決済サービス、ソーシャルレンディング、人工知能による投資アドバイスなどは、「フィンテック」(FinTech)と呼ばれる。この章では、それらのうち、ブロックチェーン技術を用いないものを見る。

多くのスタートアップ企業がこの分野に登場しており、銀行が対応しないと、主要業務を奪われる可能性がある。

1 既存技術による金融効率化

フィンテックで最も重要なのは送金・決済

フィンテック(FinTech)とは「ファイナンス」(金融)と「テクノロジー」(技術)を合わせた造語である。金融にIT(情報技術)を活用する新しい技術革新を指す。[1]

金融業務はもともと情報を取り扱っているので、もっと早い時点でIT革命が起こってもよかった。しかし、金融にはさまざまな規制があるため、技術的には可能であるにもかかわらず、ITによるサービスが十分に提供されてこなかった。金融の実態は古い技術に依存するままになっていたのだ。そのため、利用者に対して適切なサービスを提供できない状況にあった。それが、この1〜2年で変化しつつある。

多数の新しいサービスが登場しており、急成長した企業の中には、伝統的な大銀行に匹敵するほどの時価総額になったものもある（図表4－1参照）。なぜこのような現象が生じるのか？　今後の成長可能性はどう評価されるか？

フィンテックには、3つの主要分野がある。第1は、送金・決済。第2は、銀行を介さずに融資を行なう「ソーシャルレンディング」。そして第3が、ビッグデータを用いる投資アドバイスや保険だ。あらかじめ、最初の2つの分野での主要なサービスを表にまとめておくと、図表4－1のとおりだ。どれも重要だが、成長が最も目覚ましいのは、送金・決済の分野だ。

図表4－1
フィンテック各分野での主要なサービス

1　送金決済

1－1　オンライン決済サービス
- PayPal
- Stripe
- Braintree
- SPIKE
- WebPay
- Yahoo!ウォレットFastPay
- 楽天ID決済
- Bitwala

1－2　モバイル決済
- Square
- PayPal Here
- Coiney
- 楽天スマートペイ
- Apple Pay
- 微信紅包
- Venmo
- フェイスブック、Messenger

2　ソーシャルレンディング
- ZOPA
- Prosper
- Lending Club
- OnDeck
- Funding Circle
- Kickstarter
- Indiegogo
- SBIソーシャルレンディング
- AQUSH
- maneoマーケット

ペイパルの時価総額はみずほFGと同程度

次節で見るように、ペイパル（PayPal）は、オンライン決済サービスを提供するアメリカの企業だ。当初は独立の会社だったものがイーベイ（eBay）に買収されていたのだが、２０１５年７月に、イーベイから独立して再上場した。時価総額は、イーベイを上回る５００億ドル（当時の為替レートで約６兆円）となった。イーベイが運営するのはネットオークションだが、それより送金サービスのほうが成長率が高かったわけだ。

ペイパルは最初のＩＰＯ（上場）からまもない02年７月にイーベイに買収されたときは、価格が15億ドルだった。その企業が、33倍の価値を持つに至り、親会社を抜いたのである。

ところで、日本のメガバンクの時価総額は、以下のとおりだ（16年12月現在）。三菱ＵＦＪフィナンシャル・グループが、９・７兆円、みずほフィナンシャルグループが５・２兆円、三井住友フィナンシャルグループが６・２兆円。つまり、ペイパルはすでに、みずほや三井住友と同じくらいの時価総額の企業になっているわけである。

しかも、きわめて高い成長率で成長を続けている。

また、フィンテックの一部門であるソーシャルレンディングでは、アメリカの「レンディングクラブ」が14年12月に上場し、時価総額が約1兆円になった。横浜銀行の時価総額は約6500億円だから、それを抜いている。

送金分野のスタートアップ企業でも、同程度の時価総額の企業が誕生している。ウォール・ストリート・ジャーナルの"The Billion Dollar Startup Club"によれば、最近時点でのスクウェア（Square）の時価総額は45億ドル、ストライプ（Stripe）のそれが50億ドルだ。[2] これらも、日本の大手地銀と比較できる時価総額だ。

フィンテック登場の背景は、金融サービスへの不満

フィンテックに期待が集まる背景には、既存の金融機関への不満、ないし反発がある。

金融サービスは使いにくい。店頭では待たされるし、店舗は15時に閉まる。オンラインバンキングは使いにくい。

また、送金コストが高い。特に海外送金のコストは高い。新興国に対する送金コストはきわめて高い。これが新興国との経済分業を妨げてきた面がある。金融業における情報技術の利用は、他の産業に比べて著しく立ち遅れていたといわざるを得ない。

アクセンチュアは、2015年7月に発表したレポートの中で、大手金融機関は、

新たなイノベーションの潮流に追随するための十分な取り組みを行なっていないと指摘している。[3] だから、ユーザーの立場からの新しいサービスが提供されれば、既存システムに革命が起こるのは時間の問題だ。

2 送金・決済でのフィンテック

オンライン決済の元祖ペイパル

以下では、フィンテックの各分野で提供されているサービスを概観しよう。

オンラインショップで支払いを行なう場合、最もよく使われるのは、クレジットカードだ。しかし、個人や零細企業がオンラインショップを運営している場合、カード決済を導入するには、カード会社の審査に合格する必要がある。それに通っても、登録費用や月額費用がかかる。だから、個人や零細企業がクレジットカード決済を導入するのは、簡単ではなかった。

そこで登場したのが「オンライン決済サービス」だ。オンラインショップがカード会社と直接契約しなくても、ウェブサイトにクレジット決済を導入できる。初期費用や月額料金は無料で、受け取り金額に対して課金される場合が多い。

クレジットカードでは、月末締め後の1～2ヵ月後に入金される場合が多いが、オンライン決済では、最短で数日での入金が期待できる。

ペイパルは、1998年に始まったオンライン決済サービスだ。テスラモーターズやスペースXのCEOとして知られるイーロン・マスクが創設した。

利用者がペイパルのアカウントを取得すると、資金をプールする口座を持つことができる。これを銀行の口座のように用いて、購入代金を支払ったり、販売した商品の代金を受け取ることができる。つまり、インターネット上の財布のように使える。

送金先のメールアドレスを指定し、ペイパル口座から送金を行なうプロセスでは、ペイパルが金銭の授受を仲介するため、取引先にクレジットカード番号や口座番号を知らせる必要がない。そのため、安全なサービスであるとされている。口座の残高が不足する場合は、クレジットカードや銀行口座から引き落とされる。アカウントにプールされた受け取り代金は、銀行口座で引き出すことができる。

送金者に手数料はかからないが、受け取り側には金額に応じて手数料がかかる。なお、日本では、銀行からペイパル口座への振り込み入金はできない。

ストライプ、スパイクなどさらに簡便なサービスが出現

最近、オンライン決済の分野で、より簡便なサービスを提供する事業者が出現している。

その代表が、2011年に設立されたStripe（ストライプ）だ。サイト内にコードを数行埋め込むだけで、同一画面内での決済機能を簡単に追加できる。さらに世界のユーザーを相手に決済機能を提供するサービスの場合、他国通貨との変換が容易にできる。14年5月、日本でのサービス開始を発表した。三井住友カードと提携して国内向けにサービスを展開する。国内の決済手数料は一律3・6％だ。

もう一つは、Braintree（ブレインツリー）だ。13年9月にイーベイによって買収された。サービス内容はペイパルのそれに近いが、決済にかかわるさまざまなサービスを簡単に実装できる。

SPIKE（スパイク）は、メタップスという会社が運営するオンライン決済サービスだ。日本で急速にシェアを拡大している。個人事業主や小規模事業者向けの「フリープラン」では、初期費用、月額費用、決済手数料が無料で、月間100万円までの決済に利用できる。

同様のサービスとしては、国内ではウェブペイ（WebPay：15年2月にLINEに

よる買収が発表された）や、ヤフーのヤフー（Yahoo!）ワレット、ファストペイ（FastPay）、楽天ＩＤ決済などがある。

オンライン決済サービスを広い範囲の業者が利用できるためには、コストを下げる必要がある。しかし、クレジットカードに依存している以上、手数料率を３％程度以下に下げるのは難しい。そこで、ビジネスモデルの工夫が必要だ。

このために、「フリーミアム・モデル」が用いられることが多い。これは、高度な内容のサービスは有料にし、それによって得られる収入を用いて、普及型サービスを低料金または無料で提供するものだ。

なお、15年11月、Bitwala（ビットワラ）は、世界中のペイパルアカウントへビットコインの送金を可能にすると発表した。仮にビットコイン送金が広く用いられるようになれば、送金コストを大幅に下げることが可能になるかもしれない。

スマートフォンを用いる「モバイル決済」

スマートフォンやタブレット端末をクレジットカードの決済端末にするサービスは、「モバイル決済」と呼ばれる。

オンライン決済サービスはウェブでの支払いを念頭に置いているが、「モバイル決済」は、現実のショップでの支払いを容易にする仕組みだ。特に、小売店やサービス業など、小規模事業者向けのサービスである。

これまでのクレジットカード決済では、レジの横などにある読み取り端末にカードを通す。このシステムを導入するにはコストがかかるので、零細店舗では、導入が難しかった。

モバイル決済では、スマートフォンなどをクレジットカード決済端末にする。このため、「スマートフォン決済」とも呼ばれる。

なお、これと似ているが別の概念として、「モバイル支払い」がある。これは、携帯電話のキャリアが行なっているもので、「キャリア決済」とも呼ばれる。買い物の支払いをスマートフォンの料金と一緒に支払う。

モバイル決済の分野では、スクウェア（Square）が有名だ。ツイッターの創業者であるジャック・ドーシーがジム・マッケルヴィと2009年に設立した。切手サイズの端末「Square リーダー」をスマートフォンやタブレットのイヤホンジャックに差し込み、専用アプリ「Square レジ」をインストールすることによって、スマートフォンなどをクレジットカードリーダーとして使うことができる。

これにより、高額なカード決済機器を導入するのが難しい零細店舗でも、支払いの際にカード決済に対応できるようになる。代金は、最短で翌営業日には銀行口座に振り込まれる。

12年、ペイパルは、スマートフォンのイヤホンジャックに小型端末を挿すことでクレジットカード決済端末として利用できるスマホ決済サービス「ペイパルヒア」(PayPal Here)を発表し、アメリカなどで展開した。そして、日本にも参入した。

その後、同様のサービスが広がった。日本のスタートアップ企業のコイニーが12年10月にスマホ決済サービス「コイニー」(Coiney)を、楽天が12月に「楽天スマートペイ」を開始した。13年5月には、スクウェアが日本市場に参入したことで、競争が激化した。

スクウェアは日本参入にあたり、3・25%という低率の決済手数料を導入した。これに対抗して、先行してサービスを提供していた「楽天スマートペイ」が4・9%から、「ペイパルヒア」が5%から、「コイニー」が4%から、そろって決済手数料を3・24%に引き下げた。

モバイル決済技術が進歩したことにより、いまでは1500社近くのサービスが提供されている。乱立気味ともいえる。

14年10月に、アップル(Apple)がモバイル決済サービス「アップルペイ」(Apple

Pay）を始めた。これは、クレジットカードや銀行カードなどの情報をiPhoneに登録し、店頭でワンタッチで支払いを済ませたり、アプリ内で決済したりできるサービスだ。iPhone6には、NFC（Near Field Communication：近距離通信）機能が内蔵されており、対応している支払端末にかざすだけで支払いが完了する。触れればすぐ決済できるという点で、スイカ（Suica）などのプリペイド式電子マネーのように気楽に使えるといわれる。しかし、店舗の側の対応が進まず、いまのところ、それほど普及しているわけではない。

グーグルは「グーグルワレット」と呼ばれる決済アプリをスマートフォンに標準搭載するよう、AT&Tなどの大手通信会社と提携している。

中国のメッセージサービス「微信」（ウィーチャット）を運営する中国の騰訊控股（テンセント）は、15年の旧正月から個人間の送金サービス「微信紅包」を始めた。米調査会社のガートナーによると、世界のモバイル決済の市場規模は、13年の30兆円規模から、17年に70兆円規模まで拡大する見通しだ。

学生に人気の個人間送金アプリVenmo

個人間（P2P）送金サービスもある。アメリカでは、「ヴェンモ」（Venmo）というアプリが登場し、学生の間で流行っている。ヴェンモでの送金は、ヴェンモ口座の残高、デビットカード、そして銀行口座を用いる場合は無料だ。クレジットカードを用いる場合は3％程度の手数料がかかる。レストランやカフェ、小売店などに働きかけ、店舗から数パーセントの手数料を徴収することを計画している。

これと似たサービスとして、フェイスブックは、メッセージングアプリ「メッセンジャー」（Messenger）上での個人間送金サービスをアメリカで開始する。

アメリカのP2P送金サービスは、いま急速な拡大の途上にある。

なお、現在存在する電子マネーは、ペイパルのように、インターネット上の比較的少額の決済を対象としている。しかし、こうしたシステムは、「スケーラブル」であると考えられている。つまり、送金規模が大きくなったとしても対応できる。したがって、原理的には、企業間の決済にも利用できるだろう。

3　ソーシャルレンディングの可能性と問題点

成長するソーシャルレンディング

フィンテックの一分野に、「ソーシャルレンディング」がある。これは、資金を借りたい人と投資したい人を、インターネットを通じて結び付けるサービスだ。

ソーシャルレンディングに先立って、「クラウドファンディング」があった。これは、特定のプロジェクトを応援したいと考える人々が、インターネットを通じて出資するものだ。OnDeck（オンデック）、Funding Circle（ファンディング・サークル）、Kickstarter（キックスターター）、Indiegogo（インディーゴーゴー）などがある。

ソーシャルレンディングもクラウドファンディングの一形態であるとして、「融資型クラウドファンディング」と呼ばれることもある。

2005年にイギリスのZOPA（ゾーパ）、06年にアメリカのProsper（プロスパー）、07年にアメリカのLending Club（レンディングクラブ）がソーシャルレンディングのサービスを開始した。ドイツ、中国、韓国、オーストラリアなどでも、次々にソーシャルレンディングが誕生している。

Crowdsourcing.org の資料によると、世界のクラウドファンディング市場は、14年で162億ドルになった。13年の61億ドルから2・7倍になるという驚異的な成長だ。15年には344億ドルになる。

このうち約7割をソーシャルレンディングが占める。今後も急成長が続くという予測が多い。

14年12月にレンディングクラブがニューヨーク証券取引所に上場し、時価総額が上場時で54億ドルとなった。

中国のネット決済市場で5割のシェアを握るアリババは、決済で得た顧客データを駆使して、小口金融に乗り出している。

以上のほか、不正監視、口座管理などの新しいサービスもある。また、ビッグデータや人工知能などの技術を使った資産管理サービスなども登場している。

日本では、企業の短期資金ニーズに応える

日本では、ソーシャルレンディングの事業者は、貸金業法により貸金業者としての登録が必要となる。また、知らない人同士の融資仲介形式となる場合、匿名組合出資契約を募るための金融商品取引業の登録も必要になる。

日本国内におけるソーシャルレンディング事業者としてよく知られているのは、SBIソーシャルレンディング、AQUSHを運営するエクスチェンジコーポレーション、maneoマーケットなどだ。

これらのサイトを見ると、ローンファンドの一覧が掲載されている。maneoでは、年5~9%程度の利回りのものが多い。SBIソーシャルレンディングは、年2~6%前後の実質利回りを掲げている。

ファンドには、いくつかのタイプがある。第1は、主に個人を対象とした消費者金融をファンドに組むものだ。

第2は、企業の短期資金ニーズに応えるファンドだ。中小企業の場合、銀行の融資を受けようとすれば、審査に数ヵ月もかかってしまう場合もある。そこで、若干金利が高くても、迅速に借りられる金融サービスを使いたいという需要がある。ソーシャルレンディングは、こうした需要に応えることができる。

第3は、海外向けのものだ。日本国内では、資金の供給はあるが、資金需要は乏しい。それに対して新興国では、資金需要は強いが供給が乏しい国が多い。こうした世界的な資金需給の偏在に着目し、日本で資金調達してそれらの国々に貸し付けるのである。

リスク対処と融資方向付けは適切といえるか

日本のソーシャルレンディングに関して、次の2点を指摘したい。

第1は、リスクへの対処だ。銀行の場合、貸し倒れのリスクは銀行が負い、保証された金利が預金者に支払われる。安全ではあるが、利益の大半は、リスクを負う銀行が得る。それに対してソーシャルレンディングでは、投資家が貸し倒れのリスクを負う。借り手となる個人や企業は、銀行から融資を受けられないところがほとんどだから、リスクは高い。

リスク対処の基本的な方法は、分散投資である。ソーシャルレンディングでも、この手法が用いられる。まず、複数の借り手を一つのファンドにまとめてリスクを分散する。さらに、投資対象がファンドとして提供されるので、少額から投資できるようになっている（最低出資額は1万円の場合が多い）。これを利用して、複数の異なるファンドに分散して投資を行なう。

いまのところは、資金が回収できなくなった事例は報告されていない。しかし、今後もないとはいえない。分散投資するといっても、同じ業界の似たような企業の案件ばかりであれば、個別的なリスクには対処できても、市場条件の変動に起因するリスクに対する分散にはならない。

また、運用利回りの大部分はリスクプレミアムだと考えられるが、それがリスクに見合った適正なものかどうかを判断できることが必要だ。ところが、ファンド形式だと、案件の中身の詳細は投資家には分からない。投資対象の事業者の財務状況、採算計画、担保の詳細などが分からないのだ。本来であれば、こうした情報が十分に提供され、それによって、担保価値や回収可能性について、合理的に判断できるようになっていなければならない。

第2の問題は、融資対象だ。日本では、個人向けの融資やベンチャービジネスに対するスタートアップ資金の供給などは成長せず、不動産関係の貸し付けが増えている。不動産会社には中小零細企業が多いので、資金需要が強いのは事実だ。しかし、こうした傾向は社会的に見て望ましいものだろうか?

ソーシャルレンディングの前身であるクラウドファンディングでは、映画の製作などの特定プロジェクトを応援するという社会運動的な性格が強かった。ソーシャルレンディングでも、たとえばレンディングクラブでは、投資家が融資先を選べるような工夫がなされている。海外におけるソーシャルレンディング急成長の根底に、社会を変えようとする考えがあることを忘れてはならない。しかし、日本の場合には、そうした性格が弱く、単に「利回りが定期預金よりは高い投資対象」としてしか捉えられていないようだ。

銀行が貸し出しに消極的になった

ソーシャルレンディングが急成長している背景として、銀行が貸し出しに消極的になったことがある。2010年に銀行の自己資本規制「バーゼル3」が決まり、銀行は自己資本比率を引き上げるために貸し出しに慎重になった。(注)貸す場合も、大企業などリスクの低い貸付先だけを対象にするようになってしまった。

最近では、マイナス金利が導入された（日本でも、16年1月末に導入）。この結果、銀行は預金の受け入れにも消極的になっている。また貸し出しにも消極的だ。こうした条件下で、銀行に代わる信用仲介の機構として、ソーシャルレンディングが発展する可能性がある。ただし、預金者層とソーシャルレンディングの投資者層は異なると考えられるので、直接的な影響はあまり大きくはないかもしれない。

これまで個人向けの融資は、住宅ローンや自動車ローンなど、使途を限定されたものが大半だった。それ以外では、高金利の消費者金融しかなく、自己破産者が増加する要因とされてきた。それに対してソーシャルレンディングは、無担保で保証人も不要、使途も自由。そして、消費者金融より低金利だ。

発展途上国でも、消費者金融の必要性は高い。1983年に創設されたグラミン銀行が導入した「マイクロクレジット」は、主に農村部の貧困層を対象にした無担保融資なので、「貧者の銀行」とも呼ばれる。06年、創始者ムハマド・ユヌスはノーベル平和賞を受賞した。

（注）「バーゼル3」は、国際的に業務を展開している銀行の自己資本に関する規制。普通株と内部留保などからなる「中核的自己資本（Tier1）」が、投資や融資などの損失を被る恐れがある「リスク資産」に対し一定以上の比率になるように義務づけている。

貸し付け分野における新しい需要と供給

貸し付け分野では、送金の場合以上に、社会・経済的事情が占めるウエイトが大きい。

この分野での制度改革の必要性は、送金の場合より大きいだろう。なぜなら、以下で述べるようなマクロ経済的な変化があったにもかかわらず、金融システムがそれに対応していないからだ。

どの部門が資金過剰（貸し手）になり、どの部門が資金不足部門（借り手）になるかは、経済の発展段階によって変わる。高度成長期の日本では、家計が資金過剰部門であり、企業が不足部門だった。したがって、銀行が預金を集め、それを企業に貸し出すのが、金融の基本的な機能だった。日本の銀行は、高度成長の過程でうまく機能してきた。

その後、政府が資金不足部門になってきた。このため、金融機関の資産における国債のウェイトが増えた。また、企業が資金過剰部門となり、家計の資金過剰が著しく減少している。後者は、高齢化によって引き起こされたものだ。

したがって、資金の貸し手と借り手が大きく変化してきた。企業が貸し手となり、高齢者家計が借り手となる金融構造が必要になる。これは、高度成長期の金融構造とは逆の仕組みであり、実際の金融の仕組みは、このような変化に対応していない。

他方で、資金調達の方法として、従来のような預金ではなく、インターネットを通じた方法が可能になっている。大規模な支店網を持たなくとも、小規模な事業者が資金を集められるのだ。

貸し付けでは、家計が所有する不動産や耐久消費財を担保にしたものが考えられる。実際、スマートコントラクトを用いた耐久消費財を担保とする消費者ローンも考えられている。また日本の場合には、不動産を担保にした貸し出しであるリバースモーゲッジも重要な課題である。

このような新しい貸出業務の開拓が、原理的には可能になっている。だから、やりようによっては、新しい世界を拓くことができる。

ビッグデータを用いる投資コンサルティングや保険

以上で述べたもののほか、フィンテックとしては、ビッグデータや人工知能技術を用いる投資コンサルティングや保険がある。

ただし、人工知能が資産運用に関してどの程度有効かは疑問だ。現在の人工知能はディープラーニングの技術に立脚している。したがって、人工知能を用いる投資アドバイスは、外部から大量のデータを取り込むことによって判断を改善していくというものになるだろう。その意味で、理論的な裏付けを欠く投資アドバイスになる。ディープラーニングが図形認識や音声認識などの分野で有効であることは実証されているが、資産分配のような分野に適用しても、従来のデータ（つまり、これまでの人々の方法）をなぞるだけのことであって、有効なものになる保証はない。

また、投資戦略に対して市場が反応することを考えると、「負けない戦略」（市場の平均的なパフォーマンスを実現する戦略）を示すことはできるが、「勝つ戦略」（市場の平均的なパフォーマンスを超えるパフォーマンスを実現する戦略）を示すことは、原理的に不可能である。

保険の分野では、ビッグデータを用いる新しい保険商品の開発が進んでいる。たとえば、契約者の運転状況を詳細に把握することによって、契約者ごとに料率が決まるサービスを提供しようとしている。損害保険ジャパンが提供する「ドラログ」は、通信機器とGPSで得られる自動車の走行データを保険商品に組み込んだ新しいタイプの自動車保険だ。アメリカには、走行情報を30日間計測した結果で保険料を決定する保険もある。

なお、不正監視、口座管理などの分野でも新しいサービスが登場しており、これらもフィンテックの一分野と考えられている。

4　規制や法制度で足止めされるか

ペイパルの不在に見る日本型金融規制の問題

本章の1で述べたように、ペイパルは2015年7月に再上場し、時価総額が約6兆円になった。このような巨額の時価総額になるのは、海外のインターネットショッピングでは、ペイパルが当たり前のように使われているからだ。アメリカだけでなく、ヨーロッパでも広く使われており、いわば世界標準だ。ビットコインについてアメリカ人が抱く最も多い疑問は、「ビットコインはペイパルとどう違うのか?」「ペイパルでビットコインを使えるのか?」というものだ。

ところが、日本ではほとんど使われていない。ペイパルの日本での不在は、誠に不思議な現象である。

その原因として、日本では現金志向が強いこと、スイカ(Suica)などの日本独自の電子マネーが使われていることなどが指摘されるかもしれない。確かに、そうした要因は否定できない。また、ペイパルでデビットカード(銀行が発行する決済用のカード)。このカードで決済すると代金が即座に口座から引き落とされる)を用いれば送金手数料がゼロになるのだが、日本ではデビットカードはあまり普及していない。また、受け入れ店舗が少ないので、コンビニエンスストアが発行する電子マネーのほうが便利だ。つまり、ペイパルを利用するためのインフラストラクチャーが整っていない。

ただし、原因はそれだけではない。金融規制の影響は無視できない。事実、ある時点まで、形式的にいえば、日本ではペイパルはサービスを提供できなかったのである。それは、日本では送金業務は、原則として銀行にしか許されていなかったからだ。だから、日本の銀行でないペイパルは、日本で営業すれば違法になった。

10年4月に「資金決済に関する法律」（資金決済法）が施行され、送金サービス（資金移動業）を、一般企業でも提供できるようになった。しかし、送金業務が行なえるのは、「資金移動業者」として金融庁に登録された企業に限られる。登録されるためには、1000万円以上の保証資金を用意し、社内体制や事業方法について説明し、さらに状況が悪化しても収益が見込めることを証明しなければならない。登録されたとしても、利用者の本人確認義務を課される。

登録をしなかったペイパルは、商用利用以外の送金ができなくなった。10年3月、それまで提供していたペイパル専用口座を持つユーザー間で送金できるサービスを、日本では停止すると発表した。

12年、ペイパルは日本ペイパルを設立し、資金移動業者としての登録を行なった。これによって日本でも営業できるようになった。しかし、これは、フィンテックのもう一つの分野であるモバイルペイメントの事業展開では裏目に出たといわれる。ペイパルは登録業者なので、加盟店の身元確認など厳格な運用を求められる。しかし、その他の事業者は、資金移動業者の登録をしていないので、そうした義務を負わない。このため、日本で最初にモバイルペイメントを導入したにもかかわらず、アプリのダウンロード数で他に後れをとっている。

金融では規制の必要性が強かったが、ブロックチェーンが状況を変える

抽象的にいえば、市場の機能は、需要と供給を結び付けることだ。金融についても同じである。支払い者と受け取り者、または資金の借り手と貸し手を結び付けることがその機能だ。

スマートフォンの技術が進歩し、需給マッチングの機能をより効率的に果たせるようになった。そのため、従来存在していた規制が不要になるなどの大きな変化が起ころうとしている。ウーバー（Uber）やエアビーアンドビー（Airbnb）は、そうした変化をタクシーや貸室提供の分野で引き起こした。同じことが金融で起こっても、少しも不思議はない。

ただし、金融分野で情報通信技術が果たし得る役割は、タクシーや貸室提供の場合とはかなり異なる。

タクシーや貸室提供の場合には、利用者によるサービス評価とフィードバックが、スマートフォンを用いて効率的に行なえる。それは、情報の非対称性を克服する。このため、アメリカなどでは規制緩和が進んだ。それが新しいサービスの利用をさらに

拡大した。

　しかし、金融では、状況がだいぶ違う。巨額の取引を扱うこともあり、技術的に不正が入り込む余地が大きい。利用者の信用情報は、必ずしも十分ではない。そして信用情報が不十分な人にも貸し出す必要がある。しかも、金融機関は、経済的にも政治的にも、タクシー会社や旅館とは比べものにならないほど巨大な存在だ。したがって、そこで問題が生じた場合に社会が受ける影響は大きい。

　こうした事情があるので、金融における規制の必要性は、他の分野に比べて大きいとされてきた。日本に限らずどこの国でも、金融業には強い規制がある。このため、金融部門は他の部門に比べ変革が遅かったのだ。

銀行は規制が強いから変わらない？

　フィンテックの進展に伴って、金融業界においてスタートアップ企業が成長し、銀行に代替するような事態が招来されるだろうか？　こうなるかどうかについては、見方が分かれる。

　銀行が地盤沈下するという見方があるのに対して、スタートアップ企業の成長には限度があり、銀行が金融業を支配する構造は変わらないという意見もある。その理由は、銀行業では規制が強いことだ。

後者の見解によれば、新しい技術が登場することと、それが業界の構造を変えることとは、原理的には別である。

これまでのＩＴでは、それらが同じだった。小売業では、ウェブでのショッピングが可能になり、いくつかの分野でウェブショップが従来の店舗に取って代わった。たとえば、アマゾンが在来型の店舗であるボーダーズなどを打ち負かした（ボーダーズは、アメリカではバーンズ・アンド・ノーブルに次いで２番目に大きい書店チェーンだったが、２０１１年に経営破綻した）。

それに限らず、ＩＴ革命の過程で、シリコンバレーのスタートアップ企業が社会を大きく変えてきた。しかし、それは主として規制のない市場においてである。高度に規制された業界では、スタートアップ企業が成功したとはいえない。

金融業界がＩＴの進歩によって受けるインパクトは、潜在的には非常に大きい。しかし、そのポテンシャルが現実化するとは限らない。銀行は、社会的に非常に強い勢力だ。そして、金融サービスに関する規制は、他の業界におけるものとは比較にならないほど強く、複雑だ。

だから、ＩＴを活用するとしても、金融業界においては、業界の規制を守り、監督機関の規制に従う必要がある。新しい生産性の高いサービスが技術的に可能になっても、それを業務として提供するには、監督機関から免許などの形で許可を得なければならない。技術進歩が生じても、それが直ちに現実の業務を変えるわけではないのである。

こうした事情を考えれば、金融分野でのスタートアップ企業の失敗率は、他の分野に比べて高いだろう。懐疑論者は、このように主張する。

このように、二つのシナリオがあり得る。第1は新しいシステムが銀行の外でスタートアップ企業などによって作られるというもの、第2は、新しいシステムが銀行を中心として構築されるというものだ。

どちらが実現するかを現時点で予測することは難しい。しかも、将来の方向は、規制がどのように行なわれるかによって大きく影響を受ける。

第2章の2で述べたように銀行法が改正されたが、それは、銀行がフィンテック関連のITベンチャーに出資することを可能とするためのものだ。つまり、銀行がフィンテックを行なうための規制緩和であって、新しい事業主体が金融分野に参入することを容易にするためのものではない。つまり、第1のシナリオでなく、第2のシナリオを促進しようとするものだ。

また、第2章の2で述べたように、どの範囲までの新しい通貨を認めるかは不確実だ。従来型の電子マネーやプライベート・ブロックチェーンを用いる仮想通貨は認めても、パブリック・ブロックチェーン技術を用いる仮想通貨は今後とも認めないということは、十分考えられる。

金融は経済活動の基礎であるから、これを効率的なものにすることは、きわめて重要である。規制に当たっては、金融機関の利害に拘泥するのでなく、利用者および経済全体の立場から考えることが必要だ。

規制が強ければ進歩が遅れるだけのこと

銀行業の規制は強く、そのため新規参入が難しい。これは、疑いない事実である。だから、銀行の地位が揺るがないというのも、大いにあり得ることだ。しかし、つぎの諸点に注意する必要がある。

第1に、規制が強ければ、新しい技術の導入が阻害され、社会の進歩が遅れる。

第2に、規制が強いといっても、変わらないわけではない。ウーバーがアメリカで成長したのは、タクシーの規制という社会的な仕組みの改革に成功したからである。単にタクシーを呼ぶのが便利になったというだけのことではなく、タクシーに関する規制を変えたのがウーバー躍進の理由である（ただし、規制緩和を行なったのは、アメリカでも一部の州だけであり、すべての州ではない）。

第3に、「そもそも規制が可能か？」という問題がある。ビットコインがその典型であり、運営主体が存在しないため、監督機関が規制しようとしても、技術的に不可能だ。

第4に、国内で規制しても、海外からの圧力が加わる。国内でどのような規制をしても、インターネットには国境がないので、外国のサービスが日本に入ってくることを食い止めるのは不可能に近い。

タクシーでは国際的な競争は起きないが、銀行では起きる。海外の金融機関が新しい技術を投入して生産性を高めていく中で、日本の金融機関が規制のぬるま湯に漬かっていれば、国際競争に敗れる。

また、国内で規制している間に、国外では事情が変わる。特に発展途上国の金融市場はまったく異なる姿に変わる可能性がある。今後の金融活動は、国内に限定されたものではない。東南アジアをはじめとする新興国における展開が重要な意味を持つ。そこにおける金融サービスの生産性向上は、重要な課題だ。

第5に、銀行がフィンテックに対応することは不可能ではない。事実、新しい動きに積極的に対応しようとしている金融機関も多数ある。

フィンテックへの投資が、日本はアメリカの200分の1

コンサルティング会社のアクセンチュアが、世界のフィンテック・ベンチャーなどへの投資額を集計したレポートを発表している。[4]

2014年には、全世界でのフィンテックへの投資総額は122・1億ドルとなり、13年の40・5億ドルの約3倍になった。投資の大部分は、アメリカで行なわれている。

14年から15年にかけて、フィンテック関連のスタートアップ企業は、四半期平均で50社がIPOを行なった。中でも、スクウェア、オンデック、レンディングクラブ、ヨドリー（Yodlee）などが注目された。

15年11月に発表された調査結果では、アジア・パシフィック地域のフィンテック投資は、15年1月から9月までで約35億ドルに達し、14年の約8・8億ドルから急伸した。分野別に見ると、決済業務（40％）が最も高い比率を占め、つぎが融資業務（24％）だ。これまで銀行が独占していた領域での投資が大半を占めている。しかし、日本での投資は4400万ドルでしかなかった。

15年のフィンテック投資は、世界全体では前年比75％増の223億ドルだった。これは、14年の約2倍だ。日本では20％増の6500万ドルだった。[5]

しかし、これは、首位のアメリカ122億ドルの0・5％でしかない。イギリスの9・7億ドルと比較しても1割未満だ。アジア域内でも中国の30分の1、インドの25分の1でしかない。また、伸び率で見ても、中国が455％、インドが1115％、オーストラリアが1200％であるのと比較して、日本の伸び率20％はいかにも低い。

日本がフィンテックで著しく遅れていることは、他のレポートによっても確かめられる。

フィンテック・ベンチャー投資企業のH2ベンチャーズと国際会計事務所大手のKPMGが世界のフィンテック企業を分析した"Fintech 100"の2015年版によると、第1位は中国の保険会社チョンアン（Zhong An：衆安保険）だった。[6] 同社は、ビッグデータを用いた新しい保険を提供する企業であり、アリババ、テンセントなどとのジョイントベンチャーだ。4位にも中国のチュフェンチ・ドット・コム（Qufenqi.com：趣分期）という企業が入っている。同社が行なっているのは、スマートフォンを使って学生や研究者に融資を行なうサービスだ。

上位50社に中国企業が7社も入っている。これは、イギリスの6社よりも多い。中国企業は前年は1社だけだったので、中国フィンテック企業の躍進ぶりが目立つ。そして、100社の中に、日本の企業は1社も入っていない。日本は、もともと情報関連で弱いのだが、特にフィンテックでは、絶望的といえるほどに弱いことが分かる。

“Fintech 100”の2016年版では、チョンアンは第5位になっているが、1位はアントフィナンシャル（Ant Financial）、2位はチューディアン（Qudian）で、いずれも中国の企業だ。[7] ここにも日本企業は見当たらない。

第5章

ブロックチェーンは通貨と金融をどう変えるか

本章では、第2、3、4章のまとめとして、ブロックチェーンが通貨と金融をどう変えるかを述べることとしよう。

現在の金融システムでは、取引そのものは簡単にできるが、送金と決済に面倒な手続きが必要だ。ブロックチェーンの導入によって、これが大きく変わる。特に、海外への送金コストは飛躍的に下がる。その半面で、ブロックチェーンは、現在金融機関に働く多くの人の職を奪うだろう。

未来の通貨の主導権を握る可能性があるのは、スタートアップ企業、メガバンク、中央銀行のいずれかだ。このどれが実現するかによって、未来の社会は大きく異なるものとなる。

1　低コストで送金できることの意味

インターネット時代に現金が必要

ブロックチェーンを用いた技術革新がまず金融の世界で起こるのは、ひとつには金融取引がスマートコントラクトに向いているからだが、いま一つの理由は、これまでの金融サービスが、情報技術の進歩にあまりに遅れていたことだ。

このことを知っていただくために、私自身の経験を述べさせていただきたい。私は2004年にスタンフォード大学に赴任した直後に、現金が不足する事態に陥った。もちろん、準備はしていた。シティバンクの東京支店にドル預金の口座を開設しておいたのだ。これを用いれば、アメリカのシティバンク支店でATMから現金が引き出せるという。それで十分だと思っていた。

問題は、自動車を買うときに生じた。アメリカの生活で自動車が不可欠であることはもちろん知っていた。しかし、軽率にも、頭金だけを支払えばよいと思い込んでいた(留学生時代にも自動車を持っていたが、わずか200ドルのポンコツ車を他の学生から買っただけなので、本格的な車の購入をした経験がなかったのだ)。ところが、私はアメリカでの信用履歴がないので、全額を現金で支払えという。

それでもあまり驚かなかった。アメリカ到着早々にシティバンクのパロアルト支店に口座を開設したので、東京支店の預金から簡単に口座振替ができると思っていたのだ。

ところが、これはとんでもない間違いだった。同じシティバンクの口座間であるにもかかわらず、国が違うので、振替はできないというのである。手続きを取ればできなくはないが、そのためにはひと月以上かかるという。

そこで、やむを得ず、ATMから現金を引き出し、それを窓口に持参して預金することにした。ATMから出てくるのは20ドル札が最高。中古車とはいえ車の代金だから、大変な枚数になる。窓口の女性は山のように積まれた20ドル札を数えようとしたのだが、途中で分からなくなって、投げ出してしまった。

さらに悪いことに、カードがうまく機能しなくなってしまった。たぶん、空港での磁気チェックで駄目になったのだろう。再発行を頼んだのだが、カードは日本支店の預金を引き出すためのものだから、アメリカでは発行できないという。

そのうちに、自動車代金の支払い期限が迫ってくる。万策尽き、最後の手段として日本で郵便為替を作り、それをアメリカに郵送することにした。これも1枚ではすまず、小口の為替を何枚も作らなければならない。日本にいた長女に頼んだのが、1枚1枚に支払い者と受け取り者の住所を書く必要があり、途中で気が狂いそうになったという。

後になって、ある日本人に聞いたところ、生活開始の準備資金として、数百万円相当のドル紙幣を持参したそうだ。これが正解だったのである。

この当時、インターネットは自由に使えるようになっていたので、私は、アメリカに到着した当日から、日本との連絡では何の支障もなかった。雑誌に連載記事を書いていたのだが、その校正も、ＰＤＦをメールに添付することで、日本で行なっていたのと同じようにまったく支障なしにできた。

このように、情報に関しては、インターネットの時代がすでに到来していたのである。しかし、マネーに関しては、百年前と同じような紙の時代が続いていたのだ。いや、百年前どころではない。国際送金に関しては、15世紀と基本的に同じ状況だったのである。その状況は、いまでも基本的には変わらない。

この事件で、「インターネットで情報は送れるが、経済的価値は送れない」ということを嫌というほど悟らされた。ウェブでの支払いがクレジットカードで簡単にできてしまうことから、われわれはインターネットで簡単に送金できるという錯覚に陥っている。しかし、それはコストがかかることなのだ。そして、いま述べたような場合には、そもそも送金できないのである。

もちろん、銀行にも情報革命の影響は及んでいる。しかし、その中心に鎮座しているのは、１９７０年代のメインフレーム・コンピューターだ。銀行業界は強い参入規制によって守られてきたので、効率化をするインセンティブがなかったのだ。

この状態を根本から覆す技術革新が、いま始まろうとしているのである。それがブロックチェーン革命にほかならない。

送金コストが下がれば、新しい活動が可能になる

従来の送金や決済は、本書の補論B「現在の決済システムの概要」で説明しているように、コストがかかり、時間もかかる。とりわけ国際的な決済はそうだ。ところが、ブロックチェーンを用いれば、劇的なコスト削減が可能となる。もし経済的な価値をゼロのコストで地球上の任意の相手に送ることができれば、世界は大きく変わるだろう。そのことがいま、ブロックチェーン技術によって実現されようとしている。

タプスコットは、著書『ブロックチェーン・レボリューション』の中で、「従来のインターネットが情報のインターネットであるのに対して、ブロックチェーンは価値のインターネットだ」と言っている。そのとおりだ。

この変化は、情報の通信においてインターネットが登場したのと似た変化を、金融の世界に引き起こす。従来の情報通信システムでは、電話や郵便に見られるように、中央集権的な管理機関が存在し、情報伝達を仲介する役割を担っていた。そのため、コストがかかる仕組みだった。ところがインターネットによって、この状況が大きく変わった。インターネットには中央集権的な管理機関が存在せず、情報を世界中の誰にでも直接に送れる。このため、コストが著しく低下したのだ。その結果、世界は大

きく変わった。新聞社が凋落し、それに代わってＳＮＳやYouTubeが巨額の時価総額を実現している。

経済的な価値の移転について、これまでは銀行などの中央集権的な管理主体が仲介を行なっていた。このために多大のコストがかかっていた。ブロックチェーンは、中央集権的な管理者なしに経済的価値の移転を可能にすることによって、経済活動に大きな変化をもたらすのである。

インターネットの場合には、通信網が整備されるのに時間がかかった。ブロックチェーンは、すでに出来上がっているインターネットのネットワークを使えるので、普及のスピードはインターネットの場合より速い可能性がある。

第1章の2で述べたように、現在、清算や決済にかかるコストは、毎年６５０億ドルから８００億ドルほどだが、ブロックチェーンの採用によって、銀行は２０２２年までに、毎年１５０億～２００億ドルの費用を節減できるという。

金融はあらゆる経済活動の裏にあるから、新しい技術の影響は非常に大きい。それによって、これまで想像もつかなかった変化が起きる可能性もある。

仮想通貨は、これまで投資目的あるいは投機目的に使われることが多かった。今後もそうした利用がなされる可能性が強い。こうした取引を禁止することはできないが、仮想通貨の本来の機能は送金である。

送金コストがゼロ近くまで下がることは、いままでの経済活動を根底から覆す。あまりに変化が大きいために、人々はまだその重大性をよく認識できないでいるのだ。

これまで、原理的には可能でありながら、送金コストがネックとなって実現できなかった経済活動は多い。送金コストの低下は、新しい経済活動を生み出すだろう。

特に、つぎの2つの分野での発展が期待される。

第1は、マイクロペイメントだ。とりわけウェブを通じるコンテンツの有料配布である。

第2は国際送金である。それによって、銀行システムが整備されていない新興国に、簡単に送金できるような状況が実現されるだろう。

マイクロペイメントの可能性

第4章の2で述べたように、さまざまな新しい送金方法の試みが、フィンテックとして行なわれている。しかしインターネットの決済や電子マネーは、クレジットカードの上に構築されている。したがって、送金手数料引き下げには限度がある。

クレジットカード決済の手数料（4％前後）は、店舗の側から見ると、大きな負担だ。法人企業統計によれば、２０１６年１～３月期の日本企業の売上高営業利益率は、全産業、全規模で４・６％である。資本金が１０００万～２０００万円の小売業では、２・３％にすぎない。また、序章で述べたように、クレジットカード送金を受け付けるためには、ＳＳＬ認証を得ることが望ましいが、それにはかなりのコストがかかる。

したがって、クレジットカード決済だと、送金コストが高すぎて、事業が成り立たなくなる会社が少なくないのである。逆にいえば、「現在ではオンラインの決済を導入できないが、仮想通貨決済なら導入できる」という企業が多数存在するわけだ。

ビットコインをはじめとする仮想通貨の応用としてまず考えられるのは、ウェブショップにおける支払い手段である。すでにいくつかのウェブショップが、ビットコインを受け入れている。

送金コストが従来の手段に比べて低下するため、マイクロペイメント（ごく少額の送金）が可能になる。それにより、たとえば、コンテンツの有料化が可能になる。現在では、送金コストが高いために、記事の切り売りなどのサービスは経済的に成り立ちにくい。しかし、マイクロペイメントが可能になれば、質の高いコンテンツであれば、有料化は十分に可能だろう。

なお、仮想通貨の場合も、少額の送金の場合には、送金コスト率が必ずしも低いわけではない。しかし、まとめて送金するなどの仕組みが提供され始めている（これは、オフブロックチェーン取引と呼ばれるものだ）。ライトニングネットワーク（Lightning Network）は、このような仕組みを構築して、超少額支払いを可能にしたと、16年10月に発表した。[1]

このようなサービスが普及すれば、ウェブ上のコンテンツを有料で配布することが可能になり、質が向上することが期待される。

こうしたことを通じて利用者が増え、受け付ける店舗が増えれば、金融システムに大きな影響を与えることができるだろう。

国際送金が容易になる

送金コストの低下が大きな効果をもたらすもう一つの分野は、国際送金だ。

現在、国際送金の多くは銀行システムや送金会社を介して行なわれているが、個人の比較的少額の場合の送金コスト率は、かなり高くなる。

このことは、国際的な出稼ぎ労働者の祖国への送金に関して、大きな問題とされてきた。アフリカから中近東への出稼ぎ、あるいはフィリピンから香港への出稼ぎといったケースだ。

たとえば香港で稼いだお金を本国の家族に送りたい場合、これまではウェスタンユニオンなどの送金システムを使っていたが、送金コストが高い。フィリピンの口座に送金されてからも、銀行が普及していないために、自分では引き出せず、両替業者に高い手数料を払って現金化しなければならない。結局、送金額の20〜30％ほどが手数料として消えてしまう。

こうした地域では、ビットコインを用いて従来の手段よりは低いコストで送金を行なえるサービスが、すでに登場している。

発展途上国と先進国との間の送金のコストが低下すれば、出稼ぎ労働だけでなく、先進国からのアウトソーシングに使うことも可能になる。たとえば、日本の企業が業務の一部をアジアの新興国にアウトソースし、その送金をビットコインによって行なうことなどが考えられる。それは、日本経済の今後の発展にとって大変大きな意味を持つと考えられる。

現在では、このような分業は、潜在的には可能であっても、送金コストが高いために現実的なものになっていない。こうした送金システムの確立は、日本にとっても新興国にとっても、きわめて重要だろう。

銀行が未発達な地域では、ＩＴは確実に金融を変える

日本では銀行システムが整備されているので、送金システムをもっと効率化すべきだという要求は弱い。しかし、銀行システムが未発達な地域もある。アフリカ、東南アジア、南米などがそれだ。これらの地域では、銀行の支店網は大都市を離れればほとんど存在せず、そのため、銀行預金を持つ人の比率は非常に低い。こうした地域では、ＩＴが金融に与える影響は、日本とはまったく違う形になる。

『仮想通貨革命』で紹介したケニアのエムペサがその典型例だ。これは、アフリカのサファリコムが提供する携帯電話を用いた送金サービスだ。エムペサは、ケニアにおける送金事情を一変させた。いま、同種のサービスが、他の発展途上国に広がりつつある。

エムペサは電子マネーであってブロックチェーンを用いるものではないが、ビットコインなどの仮想通貨との連携が進められつつある。このようなシステムは、急速に拡大するだろう。

今後、新興国や発展途上国など、銀行の支店システムが整備されていない地域で、仮想通貨が送金手段としてどのように広がっていくかが注目される。本当に革新的な変化とは、銀行システムを超えるようなシステムが現れることである。そうした変化

が、発展途上国において生ずる可能性がある。

2 仲介者がなくなることの意味

ブロックチェーンによる即時決済の意味

補論で説明しているように、金融機関の取引では、取引が完結するまでに多数の仲介機関が介在する。これらの機関は、それぞれ独自のデータベースを用いて、取引の整合性や勘定の照合を行なっている。このため、多大のコストがかかる。

それに対して、ブロックチェーンを使った送金では、ブロックチェーンに記録を残すことで決済が完了する。集中管理のための特別な機関やバックアップ施設が不要なので、それらの運営、管理のためのコストが必要ない。このため、コストが低下し、所要時間も短縮する。

決済が終了するまでの時間は、ビットコインは10分だが、ライトニングネットワークのような新しいシステムでは、ほとんどゼロにまで短縮する。このため、ミリ秒単位での取引が可能だ。

証券業務も、ブロックチェーンの利用によって、多階層の元帳を介さず、一連の業務処理を自動執行できる。証券と資金の双方がブロックチェーンで取引されていれば、証券の受け渡しと資金決済の同時化が可能になる。この場合、売買契約の成立と同時に受け渡しも資金決済も完了するため、証券の即時グロス決済が可能になり、決済が革命的に高速化される可能性がある。

さらに、売買契約成立と同時に発行会社の株主名簿が書き換わり、配当も株主のワレットに直接送金され、議決権もブロックチェーン上で行使できるようになる。

カウンターパーティー・リスクがなくなる

金融取引の大きな問題は、第1章の2で述べたカウンターパーティー・リスクだ。これは、取引の途中で、決済の前に相手方が倒産して、契約不履行になるリスクである。

2008年のリーマンショックで、これが大きな問題となった。CDS（クレジット・デフォルト・スワップ）の取引を大量に行なっていた投資銀行のリーマン・ブラザーズが破綻し、デリバティブ契約が実行できなくなった。さらに、保険会社AIGが経営危機に陥り、同社が引き受けていたCDSが実行できなくなる危険が生じた。金融機関は他の金融機関を信用できなくなり、疑心暗鬼に陥って、キャッシュに走った。それが連鎖して、金融システムはメルトダウンの直前までいった。

この問題は、その後、デリバティブ取引所の創設という形で対処された。売り手と買い手の間に入ってリスクを集中的に管理する中央清算機関の整備と利用の促進が進められた。これにより、取引相手先が中央清算機関に一元化されるため、カウンターパーティー・リスクが回避されるとともに、契約不履行が他の参加者に連鎖するリスクが削減されたとされる。

これに対して、ブロックチェーンによって行なわれる取引は、管理者のいないP2Pで運用されるため、最初からカウンターパーティー・リスクが事実上ない。直ちに決済されるからだ。そして、仮に当初システムを作った組織が消滅してしまっても、ブロックチェーンが運営され続けるかぎり、取引は続く。

ブロックチェーンを用いていれば、リーマンショックは起こらなかった可能性がある。

伝統的な金融機関の仲介なしに資金調達が行なわれる

株式会社という仕組みは、リスクのある事業の資金を集めるために作られた。しかし産業革命以降、企業の規模が巨大化し、企業がリスクを取らなくなった。

ＩＴ革命の初期にスタートアップ企業に投資したのは、ベンチャーキャピタルだった。スタートアップ企業が一定の段階にまで成長すれば、ＩＰＯ（株式公開）をして市場から資金調達をする。しかし、リスクの高い技術開発プロジェクトに資金を提供するというベンチャーキャピタルやＩＰＯの役割は、最近では、次第に薄れてきたように思われる。

それに代わって、第４章の３で述べたクラウドファンディングが登場した。これは、不特定多数の人がインターネットを経由して、他の人や組織に開発資金などを提供する仕組みだ。一定額が集まった時点で、プロジェクトがスタートする。資金提供者は、製品の優先割引購入権などを得る。投資を集める場として、キックスターター(Kickstater) など多数のサービスが作られた。しかし、どちらかというと、ボランティアによる支援といった色彩が強い。

その後、クラウドファンディングの一部は、ソーシャルレンディングに発展していった。しかし、第４章の３で述べたように、現実に行なわれているのは事業継続資金の貸し出しが多く、技術開発やリスク挑戦という積極的な側面はあまり強くない。特に日本ではそうだ。

これに対して、第８章の４で述べる「クラウドセール」は、新しい可能性を拓くものだ。スロックイット（Slock.it）というスタートアップ企業のクラウドセールでは、1・6億ドルもの資金を集められた（注）。これは、クラウドセールが、もはや無視することができない資金調達法になったことを意味する。

これまでのスタートアップ企業の資金調達では、証券会社、投資銀行、株式市場などの伝統的な仕組みが重要な役割を果たしてきた。そして、IPOは、投資銀行に莫大な収入をもたらしてきた。また、その後の株式の取引は、証券会社に手数料収入をもたらす。

しかし、クラウドファンディングやクラウドセールになると、伝統的な金融の世界の外で資金調達が行なわれることになる。そこでは、証券会社、投資銀行、株式市場などの仲介はない。資金の需要者と提供者が直接に結び付くのだ。したがって、既存の金融機関にとっての収入が消滅してしまう可能性がある。

（注）ハッカー攻撃で資金が流出するという問題が起きたが、元に戻された（流出がなかったこととされた）。第8章の4参照。

アダム・スミス的世界へ

ブロックチェーンによって実現する以上のような世界は、「アダム・スミス的世界」

だといってもよい。より正確にいうと、経済学者のレオン・ワルラスが「一般均衡モデル」として定式化した世界である。

個々の経済主体は対等の立場で取引をしており、中央集権的な管理者は存在しない。最適な取引相手を探し出すためのコストはゼロであり、取引を行なうためのコストもゼロだ。仲介者に高い手数料を払う必要はない。大組織が市場を支配することもなく、政府の規制によって経済活動に制約が加わることもない。

しかし、現実の世界では、こうした条件は満たされない。それが、経済学が現実離れしていることの理由とされてきた。

これは、特に金融についていえることだ。ミクロ経済学では、モノやサービスの取引を扱うが、その裏で送金や決済が必要になることを考えていない。実際には、送金・決済にコストがかかるために、財・サービスの取引を自由に行なえない場合が多いのだ。特に国際取引においては、そうした制約が顕著に存在する。

アダム・スミス的世界と現実の乖離は、金融の世界にとどまるものではない。終章の最初に述べるロナルド・コースの指摘や、第4章の4で述べた情報の非対称性（詳しくは第6章の1参照）がそれを示している。

しかし、その条件がブロックチェーン技術によって変わる。この世界では、各人が自らの判断で行動すれば社会全体の調和がもたらされる。自由な競争が望ましい状態をもたらすというアダム・スミスの命題は、この世界では現実のものとなる。いまや現実が、経済学の世界に近づきつつあるのだ。これについては、第9章と終章で述べることとする。

3 失業を生むディスラプターの側面もある

パラダイムシフトは旧体制を破壊する

新しい技術は、パラダイムシフトをもたらす。それは、新しい経済活動を可能にするというポジティブな面を持つ半面で、破壊的な面を持っていることも否定できない。これは、技術革新に関する歴史が示すところだ。

インターネットが地球規模で通信コストをゼロにした結果、世界は大きく変わった。とりわけ情報産業の分野で、実に多くのことが起きた。プラスの影響もあるが、破壊的な影響も大きかった。従来型のメディアに破壊的効果をもたらしたことは疑いない。アメリカでは多くの新聞社が倒産した。日本でも、雑誌や書籍の売れ行きが減少している。

金融はもともと情報を扱っているのだから、インターネットによって情報産業で起きたのと同じ変化が、ブロックチェーンによって金融業に起きることは、十分考えられる。現在、金融機関で働く人々や金融取引に従事する人々の職が奪われる可能性は、十分ある。

一方において資金を必要とする人や企業があり、他方において資金を供給する人や企業がいる。金融仲介業務とは、これらを結び付けることだ。現在では、この中間にきわめて多くの人が介在している。ブロックチェーンはそれらの仲介者なしに、資金の出し手と受け手を直接につなげてしまう。そうしたことが実現すれば、多数の人々が職を失うだろう。

仲介以外の業務をとっても、金融機関の業務の中には、ルーチン的で格別の判断を要しないものが多い。そうしたものは、スマートコントラクトに置き換えられ、ブロックチェーンで運営される自動取引に置き換えられていくだろう。送金・決済の分野では、個々のケースについての判断はほとんど必要とされない。だから完全に自動化されてしまっても、不思議ではない。

これまで銀行が提供してきた仲介業務や資産の管理・保管業務などは、厳しく規制されていたからこそ、銀行の中にとどまっていたと考えることができる。そうしたサービスが、ＩＴ関連のスタートアップ企業に移ってしまうのは、十分起こり得るシナリオだ。

従来のＩＴを使うのであれば、ルーチンワークを行なう人手はどうしても必要だ。しかしブロックチェーン技術は、基本的には人手なしで運営できる仕組みだ。したがって人員の大幅な削減が可能になる。究極的には、銀行や証券会社そのものが必要なくなるかもしれない。

金融業は規制産業であるため、効率化が進まず、その結果、現実の経済構造の変化に対応することなく、過剰な人員を抱えている可能性は否定できない。そう考えれば、以上で述べたことは、新しい技術の導入によって金融業が適切なサイズに縮小していく過程だ。

銀行の利益が6割減、フィンテックがもたらす破壊的影響

新しい金融技術が伝統的金融機関に破壊的効果をもたらすという見方の代表として、アメリカのコンサルティング会社マッキンゼー・アンド・カンパニーが、２０１５年９月に発表した『グローバルバンキング・アニュアルレビュー』がある。[2]

この報告書は、つぎのように指摘している（なお、この報告書は、広くフィンテック

を対象としており、ブロックチェーンだけの影響を論じたものではない）。

ＩＴの活用によって、銀行業務のうち利益率が最も高い部分をＩＴスタートアップ企業が奪う。その結果、銀行のモーゲッジ貸付（住宅ローン）以外の消費者向け貸付（クレジットカード、自動車ローンなど）の分野で、今後10年間で利益が60％減少し、売り上げが40％減少する。また、送金、中小企業への貸し出し、および資産管理の分野では、利益が10％から35％減少する。

こうしたことが生じる大きな原因は、これらのサービスを提供するコストが下がることだ。そのため、ＩＴ企業は、低い価格で利用者にサービスを提供できるようになる。そして、利益率が最も高い部分をＩＴ企業が奪うというクリームスキミング現象が起きるのである。

マッキンゼーの分析によると、銀行の収益構造は、つぎのとおりだ。新規ビジネスでの14年の利益額は1・75兆ドルで、株式収益率は22％。それに対して、残高を維持するサービスでの14年の利益額は2・1兆ドルだが、株式収益率はわずか6％だ。ＩＴ企業は、前者のタイプのサービスを銀行から奪ってしまうのである。

ただし、利益の大幅な減少は、まだ生じていない。マッキンゼーの推計によると、アジア諸国（特に中国）の急成長と、アメリカでの金融危機からの回復に助けられて、全銀行部門の14年の利益は1兆ドルに達した。金利は低下したが、コスト削減努力を行なったため、株式収益率は9・5%に維持できたのだ。

しかし、金融関係のITスタートアップ企業の数は1万2000にも上るので、1兆ドルの利益の配分が変わってしまうことは、十分あり得る。最も可能性が高いのは、消費者に直接結び付いたリテールバンキングだ。アップルやグーグルなどの大手も送金サービスに参入してくるので、この分野の利益率が低下する。

第4章の2で述べたように、フィンテックによるコストの変化は、あまり大きなものとはいえない。それにもかかわらず、これだけの変化が起こるのである。仮にブロックチェーン技術が広範に用いられるようになれば、金融業には革命的な変化が起きるだろう。

マッキンゼーのレポートは、日本では注目されなかったが、欧米では、衝撃をもって受け止められた。フィンテックについて、日本ではバラ色の未来が訪れるような報道が多い。しかしデジタル革命は、一般に破壊的な影響力を持つ。金融業が情報産業である以上、甚大な影響を受けないはずはない。

PwCの調査レポートも、同様の指摘をしている。[3] それによれば、従来型金融機関の回答者の83%は、独立系のフィンテック企業にビジネスの一部を奪われると危惧している。銀行の場合には、この比率は95％に達する。フィンテックがさらに発展した場合には、ビジネスの23％が脅威にさらされると考え、また、フィンテック企業自らも従来型金融機関のビジネスのうち33％を獲得できると予想している。資金振替と決済業界では、今後5年間のうちに市場シェアの最大28％をフィンテック企業に奪われる恐れがある。

金融業界における競争は、従来は基本的には金融機関同士の競争だった。しかし、フィンテックが進むと、競争環境が一変する。実際、新しい金融サービスは、既存の金融機関の機能の一部を代替する存在となってきている。こうした大変動に対処するため、欧米の金融機関はすでに積極的な取り組みを行なっている。

もっとも、こうした調査で回答者がどの程度の金融革新を想定しているかは、明らかでない。特に重要なのは、仮想通貨とブロックチェーンの利用がどの程度想定されているかである。これらが本格的に使われるようになれば、金融業界に対する影響は、レポートが指摘する程度をはるかに超えるだろう。

新しい仕事が生まれるはず

以上で述べたように、コストが下がることによって、それまで仲介業務に従事していた人の仕事がなくなる。新しい技術の破壊者としての側面は、こうした分野で最も顕著に見られるだろう。

ただし、そのような影響を恐れて新技術の導入を阻止しようとすべきではない。阻止しようとしてもできないだろう。新しい事態に積極的に対応し、社会を変革するきっかけとすべきだ。

この問題を考える際に重要なのは、淘汰される仕事がある半面で、新しい就業機会が現れることだ。たとえば、報道情報の場合、単に事実を伝えるだけでなく、背景を解説したり、正しいかどうかを評価したりする作業が必要である。これらは、情報技術が進歩してもなくなることはない。むしろ、重要性を増す。

金融においても、同様のサービスが必要だ。特に、リスク評価、ポートフォリオ分析、投資戦略の立案のような作業の必要性は、今後増すだろう。

「風が吹けば桶屋が儲かる」といわれるように、あるところで変化が起これば、その影響はつぎつぎに伝播し、さまざまな変化が起こる。そうした変化のなかで、ポジティブな要素を見つけ出すことが重要だ。

企業の側から見ると、古い知識を持った専門家を抱えているのは、コストになるだけだ。人工知能やブロックチェーンが企業の基幹システムを運営し、必要に応じてフリーランサーを利用するようになれば、企業は永続的な組織ではなくなるかもしれない。ある仕事のために資金と人材を集め、終わったら解散するのだ。

中世イタリアの「コンメンダ」という事業形態では、航海ごとに出資を募った。イギリス東インド会社は、初期の段階では一航海ごとに資本家が出資を行う形態だった。未来の企業組織は、このようなものに先祖返りするかもしれない。

伝統的金融機関対スタートアップ

金融産業の主要なプレーヤーは、新しい金融技術によって変わるだろうか？

これに関しては、二つのシナリオが考えられる。第1は、前記マッキンゼー・レポートに見られるもので、伝統的な銀行業の業務のうち収益性の高い部分を、ＩＴスタートアップ企業が奪うというものだ。これは、「クリームスキミング」と呼ばれる現象である。

一方で金融機関は、サービスを支えるために、従来の送金のシステムも維持しなければならない。それは、利益率は高くないが、社会的に必要なことなので、金融機関はその事業を継続せざるを得ない。前述のように、「残高を維持するサービス」は「新規ビジネス」に比べて収益率が低い。したがって、クリームスキミングされると、銀行の収益率は大幅に低下する。

また、新しい金融技術を開発する人材を確保できるかという問題もある。たとえばJPモルガンは、2万人以上のデベロッパー（開発者）を抱えている。しかし、彼らが将来も金融機関にとどまるかどうかは疑問だといわれる。一般に、アメリカでは銀行が人材確保に苦戦している。その一方で、フィンテックのスタートアップ企業には、銀行から逃れようとする人々の履歴書が洪水のように届いているといわれる。

こうして、金融機関はさまざまな意味で追いつめられるのだ。アメリカの銀行がフィンテックに対して強い危機感を持っている理由はここにある。

これまでITは、多くの分野で産業の姿を変えてきた。メディア産業は大きく変わった。グーグルは伝統的な広告産業の姿を大きく変えた。アメリカの時価総額のトップ企業は、IT関係の企業で占められている。アマゾンの時価総額は、ウォルマートのそれを上回る。

最近の例では、タクシー配車のウーバーや、貸室仲介のエアビーアンドビーなど、スマートフォン上の新しいサービスが、信じられないような成長をしている。ウーバーの時価総額はすでに6兆円を上回っている。これらは「ユニコーン企業」と呼ばれるが、フィンテックの分野でも、ユニコーン企業が多数誕生している。

ただし、日本では、これとは異なるシナリオが進む可能性が考えられる。

それは、アメリカのようにスタートアップ企業が銀行業務を侵食するのではなく、銀行が主導権を握るシナリオだ。具体的には、金融機関が外部のスタートアップ企業を取り込み、また、金融機関自体がブロックチェーンの技術を取り入れて、コストの削減をはかるという筋書きである。

残念ながら日本では、スタートアップ企業の革新的な動きは、いままでもなかった。これからもないのではないかと危惧される。また、競争を重視するアメリカに対して、日本では政府に頼ろうという考えが強く、そして大きな組織のほうが信頼できるという考えもある。だから、第2のシナリオが選択されるバイアスがある。

それを象徴しているのが、2016年5月に成立した改正銀行法だ。この改正では、IT企業への出資制限を緩和して、銀行がフィンテック企業に出資するのを容認した(IT企業に出資する場合、これまでは銀行は5%、銀行持ち株会社は15%までという出資制限があったが、その拡大が認められた)。この結果、銀行が出資を通じて外部のリソースを銀行内に取り入れ、新しい技術を採用することになる可能性がある。

このことから分かるように、金融業の場合には、規制の存在が非常に重要だ。法体系や規制がどうなるかが、将来の姿を大きく決めていく。第2のシナリオが選択された場合、銀行の既得権益を守る方向に事態が進展し、新しい技術が経済を変えるようには働かないことが懸念される。

こうした事態を避けるためには、銀行以外の主体が金融業務に容易に参入できるように規制を緩和し、スタートアップ企業が新しい金融技術を導入して事業を行なうための条件を整備することが必要だ。

利用者の立場から問題になるのは、銀行が新しい技術の利益を、利用者に還元するかどうかだ。それを実現させるためには、利用者による監視と、銀行間の競争が必要になる。利用者がよりよいものを選択する目を持ち、銀行間で競争が生まれれば、銀行が利益を独占できず、利益は利用者にも還元されるだろう。

仮に第2のシナリオ（銀行が主導権を握るシナリオ）が実現しても、金融機関の中では非常に大きな変化が起こるだろう。ブロックチェーン技術を銀行が導入すれば、基幹システムが大きく変わるからだ。

銀行自らが、新しい金融技術を取り入れる形で変化が起きた場合、銀行という企業体は存続するだろうが、その中での仕事の中身は大きく変わるはずだ。銀行そのものは残っても、業務が自動化され、余剰人員が発生する可能性は高い。だから、組織も個人もそれに対応しなければならない。対応しないかぎり、業務の多くを新しい競争相手に奪い取られてしまう。対応したとしても、内部の大幅な改革は免れない。

なお、この分野では競争に国境はないから、外国で開発された新しい技術が入ってくることはあり得る。そうした動きが加速することも期待したい。

4　通貨を制するものは未来を制する

通貨間の競争が生じる

第3章の1で述べたように、三菱東京ＵＦＪ銀行（現、三菱ＵＦＪ銀行、以下同じ）は独自の仮想通貨ＭＵＦＧコインを当初は、2017年秋頃から一般に公開する予定とされていた。三菱東京ＵＦＪ銀行がこうしたことを始めれば、対抗上、他のメガバンクも同じようなことを行なうだろう。すると、それらの仮想通貨の間でサービス競争が起きる。

こうした状況は、現時点では、まだ空想世界のことにすぎない。しかし、現実にこうしたことが急速に実現する可能性もある。現実の通貨に比べて仮想通貨での送金や決済のほうが便利でコストが安いので、商店や企業は、従来の方法での決済ではなく、仮想通貨での決済を求めることになるだろう。ビットコイン型の仮想通貨と銀行発行の仮想通貨との間がどのような関係になるのかも、興味深い。

いくつかの面では、メガバンクの仮想通貨のほうが、ビットコイン型仮想通貨に対して優位性がある。第1に、価格が変動しないため、決済手段としては使いやすい。第2に、銀行は信頼できるという意味で、日本人の思考にも合っている。

第3に、ビットコイン型の仮想通貨の長期の見通しについては、よく分からない面もある。ビットコインのマイニングに伴う収入は、すでに減らされているため、マイニングに参加するインセンティブが低下している。そして将来、発行量が一定になり、マイニングからの収益がなくなる。それでも手数料が支払われるのでビットコインは運営し続けるだろうし、マイニングは止まらないだろうとされている。しかし、本当に手数料だけでマイニングが続くかどうかは、よく分からない。また、第1章の2で述べたスケーラビリティの問題もある。

民間の仮想通貨が広がれば、中央銀行の死がもたらされる

第3章の1で述べたように、銀行が発行する仮想通貨は、相互に取引ができる。これによって、日銀ネットの役割は減少するだろう。銀行発行仮想通貨の利用が十分広

がり、かつ銀行仮想通貨間で変動価格制が採用されれば、現状の決済システムから独立した仮想通貨の通貨圏ができる可能性がある。つまり、決済において、「銀行の中央銀行離れ」が起こるわけだ。究極的には、中央銀行が存在する必要はなくなるだろう。

これは、フリードリヒ・フォン・ハイエクがかつて『貨幣の非国有化』で提案した自由通貨構想と似た仕組みだ。[4]

ハイエクが考えたのは、通貨の発行権を国が独占するのではなく、各銀行が独自の通貨を発行するシステムだった（ハイエクはヨーロッパ全域のような地域を想定していた）。すると、それらの間で競争が起きて最も優れた通貨が生き残るとハイエクは主張した。

技術的な観点だけからいえば、ハイエクが提案した自由通貨に似たものが、仮想通貨によって可能になるわけである。

そのシステムは、自由主義的な通貨体制を実現していくことになるだろう。この部分については、マイナス金利も含め、中央銀行の金融政策は効かなくなる。仮想通貨の利用が十分に拡大すれば、中央銀行が金融政策によって経済活動をコントロールすることは、できなくなる。仮にそうしたことになれば、きわめて大きな変化だ。

また、ドルとの価値を一定に保つような仮想通貨を発行することも考えられる。そうなれば、日本国内にドル経済圏が生じたのと同じことになり、日本の金融政策には大きな圧力が加わる。日銀が金融緩和を行なって円の価値を低下させようとすれば、そこから資金が流出し、ドル仮想通貨に流れ込むことになるだろう。このようにして、恣意的な金融政策に対する強いチェックが働くわけだ。

こうして、仮想通貨は、中央銀行の金融政策に対して、強い制約となり得る。実際、ビットコインが注目を集めたのは、13年の秋に中国人民元からビットコインへの大量の資本逃避が生じたときである。マイナス金利によって国内での金融活動に障害が発生する恐れがある日本やヨーロッパでは、この事件は決して人ごとではない。仮に円に対する信頼が揺らげば、仮想通貨への逃避が起きる可能性は否定できない。銀行が独自の仮想通貨を提供できれば、資本逃避の受け皿になるかもしれない。

このように、銀行が仮想通貨を発行すれば、中央銀行の恣意的な金融政策を抑制できるというメリットがある。しかし銀行のコスト削減が利用者に還元されるかどうかは不確定だ。

マイナス金利が促す仮想通貨への移行

メガバンクが進めている仮想通貨導入は、マイナス金利導入に対応して行なわれているものではない。しかし、両者の間には密接な関係がある。ブロックチェーン導入はコストを激減させるので、マイナス金利で収益が圧迫される銀行の対応策として、最も強力なものになり得るからだ。

そして、右に述べたような中央銀行の外での送金決済が行なわれるようになれば、銀行は、当座預金に負の付利をされる影響を回避することができる。

仮に銀行がこうした対応を行なわなければ、マイナス金利に対応してビジネスモデルを修正せざるを得ず、それは長期的にみれば、銀行業を衰退させることになるだろう。

「マイナス金利は銀行の死をもたらす」という議論が、ヨーロッパのマイナス金利に関連して、しばらく前からあった。日本でも、同じ問題が発生する可能性がある。とりわけ、銀行がマイナス金利に伴うコスト増を預金金利引き下げなどの形で利用者に転嫁すれば、利用者の銀行離れが起きるだろう。

現在、銀行が提供しているさまざまな金融サービスの中には、銀行を経由しなくても可能なものが多い。20年前であれば、銀行離れの手段は、キャッシュの保有しかなかった。しかし、いまでは、銀行以外の金融取引の可能性は高まっている。マイナス金利は、ブロックチェーンの導入を促す効果を持つのだ。

今後もし預金金利までがマイナスになったり、ATMの手数料が上がったりすることで、送金コストが上がれば、預金者は預金を引き出し、それを仮想通貨に移すだろう。

銀行利益を圧迫しているマイナス金利は、仮想通貨普及のひとつの契機となるかもしれない。

帝国の逆襲：中央銀行の参入

しかし、以上で述べたのと正反対のシナリオが実現する可能性もある。それは、第3章の4で述べたシナリオ、つまり、中央銀行による仮想通貨の発行である。

仮に中央銀行が仮想通貨を発行し、個人も法人も中央銀行の口座で仮想通貨を保有するようになれば、これを用いて送金や決済ができるから、市中銀行に預金を持つ必要はなくなる（昔であれば、預金をすれば利子収入が得られるということがあったが、いまは金利がきわめて低水準に落ち込んだため、市中銀行に預金を持たないことが重要な問題にはならない）。

銀行の預金がなくなれば、銀行は自己資本の範囲でしか貸し付けができなくなる。すると、現在のマネーストックの大部分を占める預金通貨は消滅し、マネーは中央銀行が発行する仮想通貨だけになる。

銀行が信用創造すべきでないという議論は、昔から行なわれてきた。代表的なものとして、1930年代に提案された「シカゴ・プラン」（完全準備制）がある。これは、預金準備率を100％に引き上げようというものだ。すると、銀行は預金のすべてを中央銀行に対する当座預金として積まなければならなくなり、信用創造ができなくなる。この提案は、アービング・フィッシャー、フランク・ナイト、ヘンリー・シュルツ、ヘンリー・サイモンズ、ミルトン・フリードマンなどの経済学者によってなされた。

これに対しては、当然ながら銀行からの強い反対があり、実現できなかった。しかし、その後も、似た考えはしばしば提案される。たとえば、「ナロウバンキング」という考えは、銀行の資産を国債などの安全な資産だけに限定し、リスクを伴う貸付資産は認めないとするものだ。また、世界の中央銀行をメンバーとする組織である国際決済銀行（ＢＩＳ）は、銀行の自己資本規制を強化することによって、同様の効果を実現しようとしている。

最近では、アイスランドで似た提案がなされている。[5] 同国は、2000年代の中頃に銀行の貸し出しが膨張し、リーマンショックによって銀行が破綻して、深刻な事態に陥った。その反省に基づいて、「統治通貨」という提案がなされている。その内容はシカゴ・プランと同じようなもので、銀行の預金通貨を認めず、国が発行する通貨のみを認めようというものだ。

中央銀行が経済をコントロールする危険

現在、仮想通貨は、経済全体の中でごくわずかなウエイトしか占めていない。しかし、中央銀行が仮想通貨を発行すれば、ごく短時間のうちに、右の変化が生じて、銀行の預金通貨が駆逐される可能性がある。しかも、この過程は、強制を伴わず自動的に進行することに注意しよう。

もちろん、貸し付けができなくなるのは市中銀行にとっては死活問題だから、銀行は強く反対するだろう。それは、マイナス金利に抵抗するよりもはるかに強い抵抗になるだろう。

しかし、中央銀行が仮想通貨を導入することを阻止するのは、容易ではない。それによって人々や企業の活動は、効率化され、便利になるのだから、反対の大義はない。しかも、銀行預金から中央銀行仮想通貨への乗り換えは、強制によってなされるのでなく、個人や企業の自発的行動によるのだから、これを食い止めるのは難しいだろう。

しかし、右のようなことが起これば、きわめて危険な状態がもたらされる。なぜなら、このシステムでは、貨幣供給は中央銀行が政府に信用を供与することによって行なわれるので、政府と中央銀行が意のままに動かせるからだ。これは、財政ファイナンスそのものであり、アメリカ連邦準備制度の前議長ベン・バーナンキが提唱した「ヘリコプターマネー」そのものである。

問題はそのときに、貨幣供給量をコントロールできるかどうかだ。マネーストックが過大になれば、インフレがもたらされる危険がある。

こうしたことにならないよう、シカゴ・プランの提唱者たちは、マネーストックを厳格にコントロールすべきだとした。フリードマンは、マネーストックの増加率を経済情勢によって影響を受けない一定の値に固定化することを提案した。

確かに、そうすればインフレがもたらされることはないだろう。しかし現実の世界においては、それが守られる保証はない。特に、日本のように社会保障支出の増大によって財政支出増大の圧力が強い国では、財政支出の増加に歯止めがきかなくなる恐れが十分ある。

問題はそれだけではない。中央銀行によるマイナス金利政策が、簡単にできるようになる。

すでに述べたように、民間の銀行が発行する仮想通貨が広く使われるようになれば、中央銀行によるマイナス金利政策は実効性を失うことになる。

しかし、ここで述べているように中央銀行の仮想通貨が使われるようになれば、そうした事態は防ぐことができる。それだけでなく、マイナス金利の水準を自由に決められるようになる。現在の制度では、マイナス金利には下限がある。それはキャッシュを保有するコストだ。マイナス金利の水準をこれ以下に引き下げようとすると、銀行は余剰資金を当座預金にせずにキャッシュで保有するからである。しかし、キャッシュの代わりに中央銀行の仮想通貨が使われるようになっていれば、そうした制約はなくなる。イングランド銀行が仮想通貨を研究している大きな理由は、金利を引き下げる制約を克服することだとされている。[6]

これは、「ゲゼルのマネー」といわれていたものが現実化することを意味する。「ゲゼルのマネー」とは、１９００年代の初頭にドイツのシルビオ・ゲゼルが提唱したもので、「減価するマネー」だ。つまり、スタンプを購入しないと額面を維持できないなどの仕組みによって、価値が下がっていくマネーである。これは、マイナス金利そのものだ。

紙幣の場合にはスタンプなど煩瑣な仕組みを導入する必要があるが、仮想通貨であれば、簡単に導入できる。

通貨の価値が減価すれば、人々はできるだけ早くそれを使おうとするから、経済活動が活性化されるというのだ。しかし、そうした効果が働くかどうかは分からない。仮に働くとしても、不要な支出を増加させて、長期的にみれば経済を衰退させる危険がある。少なくとも、中央銀行が恣意的にマイナス金利の水準を決められるような世界は、きわめて危険だ。

中央銀行が国民の詳細なプライバシー情報を手に入れる

さらに大きな問題がある。

それは、中央銀行が全国民の詳細なプライバシー情報を手に入れることだ。

ビットコイン型の仮想通貨や銀行が発行する仮想通貨であれば、それを使うかどうかは個人の自由だ。使いたくなければ、使わなければよい。しかし、中央銀行が仮想通貨を発行すると、すでに述べた理由によって、すべての国民や企業は中央銀行に口座を持ち、すべての取引をそこで行なわざるを得なくなる。利用が強制されるわけではないのだが、事実上使わざるを得ない状態になるのだ。

取引は暗号を用いて行なわれるから、直ちに取引者が同定できるわけではない。しかし、中央銀行は追跡が可能だろう。

したがって、中央銀行は、すべての経済活動を、個人や個別企業のレベルで詳細に把握できることになる。つまり、あらゆるプライバシーは、中央銀行に筒抜けになるわけだ。

しかも、その情報は、中央銀行だけが把握できるものであり、他の機関は把握できないものだ。警察や検察も得ることができない情報を、中央銀行が把握するのである。

この問題は、日本銀行自身も意識している。第3章の4で紹介したレポート「中央銀行発行デジタル通貨について―海外における議論と実証実験―」の中で、「中央銀行が全ての取引にかかる情報を把握し得るような形でデジタル通貨を発行する場合、中央銀行はこれらの情報をどのように取り扱うべきかといった問題もある」としているのである。

中央銀行がこうした情報を直接に利用することは考えにくいのだが、捜査当局や徴税当局から情報提供の要請があることは、十分考えられる。銀行が発行する仮想通貨の場合にもそうした要請はあるだろうが、民間企業であれば、それを拒否できる。アメリカの例だが、2015年12月の銃乱射事件に関して、FBI（連邦捜査局）は、iPhoneのロック解除技術の作成を要求したが、アップル社は拒否。その後の裁判所の命令も拒否した。

しかし、公的機関である中央銀行は、拒否できないのではないだろうか。すると、国が、国民の経済活動に関する個人レベルの詳細な情報を入手できるようになる。

これは、ジョージ・オーウェルが『1984年』で描いた「ビッグ・ブラザー」そのものだ。ビッグ・ブラザーは全能の独裁者であり、その権限の源は、全国民の生活を仔細に観察できることだ。それと同じ世界が、中央銀行が発行する仮想通貨によって実現することになる。

われわれはこうした状況が生じることを、なんとしても食い止めなければならない。

主導権は誰が握るか

これまでの章で述べたことをまとめれば、ブロックチェーンを用いた決済手段を提供する主体が誰になるのかについて、つぎの3つの可能性がありうる。

(1)　ビットコインのような仮想通貨。オープンなコンピューター・ネットワークで運営され、中央集権的な管理主体は存在しない。その結果、銀行外に新技術を用いる金融システムが誕生することになる。

(2)　銀行が運営する仮想通貨。銀行が新技術を取り入れ、中央銀行から独立した決済システムを作る。クローズドなコンピューターのネットワークで運営される。

以上(1)、(2)のシナリオの究極的な姿は、中央銀行が死滅する世界だ。

(3)　中央銀行が運営する仮想通貨。中央銀行が新しい技術を取り入れ、仮想通貨を運営する。これによって、紙幣と銀行の預金通貨を代替する。

実際の世の中がこれらのうちのどの方向に向かうのか、現時点では予測しがたい。また、これらが併存することもありうる。ただし、どの方向が実現するにせよ、ブロックチェーン技術の導入によって、通貨システムの基礎が大きく変化することは間違いない。

コストが下がり利便性が向上すれば、どこが運営しようが構わないと考えられるかもしれない。しかし、ブロックチェーン技術を利用する通貨システムの主導権をどこが握るかで、社会の姿は、大きく違うものになるだろう。

自由主義的な立場からいえば、⑴のシナリオが最も望ましい。

⑵のシナリオは、銀行という寡占的組織による運営という点で問題がある。しかし、複数の主体による競争は行なわれるだろう。

⑶のシナリオは、国や中央銀行による恣意的な政策を可能にするものだ。そして、ありとあらゆる金融コントロールが可能になる。資本逃避ができなくなり、金融のグローバルな広がりが制限される危険もある。通貨を握ることは、経済活動すべてを統制できることを意味するのだ。

もっとも、中央銀行によるこのような完全コントロールは、実際には難しいかもしれない。

第1に、仮想通貨には管理主体がないため、これらを禁止しようとしても、禁止することはきわめて難しいだろう。

第2に、仮想通貨には国境がないため、中央銀行がコントロールしようとしても、海外との取引を完全にコントロールするのは難しいだろう。

いかなるシステムを選ぶかは、最終的には国民が決めることだ。ただし、実際には、政策当局や金融機関の動きが大きな影響を与えることも否定できない。

5　マネーは進化するか

仮想通貨と国家の対立

マネーとは国家そのものだった。なぜなら、マネーがマネーとして通用したのは、素材価値によるのではなく、国家がそのように宣言したからだ。このことは、金属貨幣の代わりに紙幣や銀行券が使われるようになって、とりわけ明白になった。

金属貨幣の改鋳や紙幣の増発は、国の財政をまかなうために、租税や国債と並んで、重要な手段であった。歴史を紐とけば、増大する軍事費などを賄うために金貨や銀貨が改鋳されて品位が落とされたり、不換紙幣が増発されてインフレーションがもたらされた事例は、枚挙にいとまがない。

しかし、ビットコインはこれらとはまったく異なる仕組みに基づいたマネーだ。国家に制約されず、国家を超越している。

ビットコインが現行の通貨に代替するようになれば、国のあり方は根本的な影響を受けざるを得ない。場合によっては、国家システムに対する深刻な脅威になる。

第1の問題は、税の徴収に関係する。仮想通貨による取引は匿名性を有しているため、仮想通貨による取引が拡大すると、捕捉できない取引が増大する危険がある。そうなれば、徴税に支障が生じる（ただし、第2章の2で述べたように、仮想通貨の匿名性は疑似匿名性であることに注意が必要だ）。

第2の問題は、違法な取引やマネーロンダリングのための資金の流れをコントロールできなくなることだ。第2章の2で述べたように、仮想通貨は組織犯罪に対して脆弱であるわけではないが、将来取引量が増大したときには、問題は無視できなくなるだろう。

第3に、貨幣供給量のコントロールによって経済活動をコントロールすることができなくなる。

第4の問題は、キャピタルフライト（資本逃避）だ。国民が自国通貨の将来に信頼を持てなくなると、仮想通貨を購入して、ドルなどの価値が安定した通貨に乗り換えるなどの動きが発生しうる。

このような事態は、国の存立にとって重大な脅威だ。しかし、ビットコインの取引そのものを規制しようとしても、管理主体が存在しないため、インターネットの使用を禁止しないかぎり不可能である。

これらは、リバタリアン的な世界をもたらすように見える。2年前の時点では、世界はそのような方向に進んでいるように見えた。

しかし、銀行が仮想通貨を発行する計画を持つに至って、事態は大きく変化している。銀行が発行する仮想通貨は、組織によってコントロールされている。ただし、それでも国のメカニズムの外にはある。しかし、中央銀行が仮想通貨を発行すれば、前節の最後に述べたとおり、事態はまったく異なるものとなる。

仮想通貨には価値の裏付けがないという議論に対して、ビットコインには価値の裏付けがないことが問題にされた。確かにそのとおりだが、それは国が発行する貨幣についても同じである。

金貨や銀貨が価値を持つのも、貴金属の価値が絶対的であるからではない。事実、改鋳をしなくとも、銀の産出量が増えればインフレになった。つまり、通貨の価値が下落した。これは、16世紀のヨーロッパで実際に起こったことだ。スペインが新大陸で銀鉱を発見し、銀の産出量が増えて銀貨の発行量が増えたため銀の価値が下がり、「価格革命」と呼ばれるインフレが招来されたのである。

金属貨幣から紙幣になると、価値の裏付けはもっと希薄になる。そして、ビットコインではさらに希薄だ。

ビットコインは、人々が受け入れるから流通しているにすぎない。もっと優れた仮想通貨が現れるなどの理由で店舗がビットコインを受け入れなくなれば、価値はなくなってしまうだろう。法定通貨の場合には、少なくとも税の支払いに使える。しかし、ビットコインにはそれもない。人々が受け入れなくなれば、まったく無価値になってしまう。

ただし、仮想通貨のすべてが価値の裏付けを持っていないわけではない。事実、第6章の3で紹介するDGXは、金に裏付けされた仮想通貨だ。

金の価値は絶対的ではないが、しかし、現代の世界で金の産出量が急激に増加することはないだろう。だから、長期的にみれば価値は安定的といえる。金融緩和を長期にわたって継続する国では、金への需要は増えるかもしれない。中国のように資金逃避の可能性がある国では、金は重要な資産になるだろう。こうして、貨幣も金本位制の時代に先祖返りするのかもしれない。

第6章　ブロックチェーンの応用(3)　事実の証明

電子情報は簡単に書き換えられるため、インターネット上で「正しいデータ」であることを証明するのは難しかった。この問題が、ブロックチェーンによって解決された。真正性の証明や履歴トラッキングなどのサービスが、つぎつぎに登場している。

1 インターネットでは人間と犬の区別もつかない

証明なしに、なぜ本物と信じられるのか

「本物の証明」は、難しい課題である。この問題に関して、やや唐突だが、映画『スター・ウォーズ』の話から始めたい。「エピソード1 ファントム・メナス」で、ナブー国は危機に陥り、アミダラ女王（キーラ・ナイトレイ）はグンガン国の王ナスに和解を求める。しかし、ナスは、応じない。

そのとき、後ろに控えていた侍女のひとりパドメ（ナタリー・ポートマン）が前に進み出て、言う。「これは私の影武者で、私が本物のアミダラ女王。どうか私たちを救ってください」。これを聞いたナスは、直ちにナブーを救うことを決める。この場面を見て、私は唖然としてしまった。ナスは、あとから出てきたのが本物のアミダラだと、どうして信じたのか？

現実の世の中であれば、本物の女王だと証明するために、何枚もの証拠書類と証拠物件（王冠など）を提出する必要がある。しかし、ナタリー・ポートマンは、何の証拠も提出していない。

ナスは、証拠を求めないどころか、侍女たちに「この女の言うことは本当か？」と確かめてすらいない。ナタリー・ポートマンの発したオーラがすごかったということなのだろうが、キーラ・ナイトレイのオーラも相当のものだ……。

同じような例は枚挙にいとまがない。日本でいえば、まず水戸黄門だ。格さんが葵のご紋の印籠を見せると、たちまち人々は、この老人が天下の副将軍であると納得し、ひれ伏してしまう。彼らは、その印籠が偽物かもしれないと、どうして疑わないのか？

将軍家の威光はそれほどすごかったので、疑うべくもなかったということかもしれないが、それでは、忠臣蔵はどうか？

京都から江戸に向かう大石内蔵助は、日野家用人、垣見五郎兵衛の名を騙っている。ところが、宿屋に本物の五郎兵衛が乗り込んできて、旅手形を見せよと迫る。窮地に立たされた内蔵助は、主君が切腹したときの短刀を見せる。瞬時にしてすべてを察した五郎兵衛は、私が偽者であると詫びて、自分の手形を内蔵助に渡す。内蔵助は言う。「いやいや、よくよくのご事情があってのことと、重々お察し申す。武士は相身互い。落ちぶれてこそ、人の情けは身にしみてありがたいもの」（これは、1958年の大映映画『忠臣蔵』の台詞）。

これを聞いた観客は、感涙にむせぶのだが（私も感涙にむせんだ）、……よくよく考えると、この場面も変だ。短剣が本物と、一瞥しただけでどうして分かるのか？　名を騙ったほどだから、短剣も偽物である可能性は高いのではあるまいか？

黄門も内蔵助も、アミダラとは違って証拠物件を提出してはいる。しかし、なぜ人々は、ひと目見ただけでそれらを本物と信じてしまうのか？　現実離れしている点では、『スター・ウォーズ』と大差がない。

本人証明のための工夫

なぜこんな話を持ち出したのかといえば、現代の世界では、これほど簡単に本人証明が受け入れられることはないからだ。

伝統的社会の小さな地域コミュニティであれば、誰もが互いの顔を知っている。そして各人の普段の行いや、これまでの履歴を知っている。だから、本人証明は簡単だ（ただし、「よそもの」はまったく信用されない）。

しかし、産業化が進み、コミュニティが大規模化してくると、本人証明は次第に難しくなる。そこで、さまざまな工夫がなされる。

王位にあるものは、それを証明するために、ひとりで町を歩いたりすることはない。必ず大勢の従者を引き連れている（映画『ローマの休日』で、町を歩くアン王女に誰も気づかなかったのは、ひとりだったからだ）。

銀行は、必ず立派な店舗を建てる。とりわけ本店は、王宮のように立派だ。これだけの建物を建てられるからには、ちっとやそっとでは倒産しないと、多くの人に信じさせるためだ。

産業化社会においては、企業や組織のサイズの大きさが、人々の信頼を獲得するための重要な道具になった。

インターネットの世界では人と犬の区別もつかない

情報技術が進化して複製やなりすましが簡単になると、本人証明はさらに難しくなる。特に、インターネットの世界では、真正性の証明はきわめて困難だ。

ウェブサイトに葵のご紋の写真を載せたところで、そのサイトの運営者が水戸黄門だと信じる人はいないだろう。黄門どころではない。このサイトを運営しているのは、ひょっとすると(知能の発達した)犬かもしれないのである。

「インターネットでは人と犬の区別もつかない」といわれる。(注)そのとおりである。PCで特定の機能を使用する際には、利用者が本人であることを確認するために、パスワードを用いる。これはその設定者だけが知る文字列だから、正しく入力した人はパスワードを設定した本人であろうと推測できる。これは、特定の目的には役立つが、どんな場合にも相手を信頼させる手段にはならない。

多くの場合、誰も名を知っている大企業であれば、人々は信頼する。ウェブ上の零細ショップでは人々は警戒するが、アマゾンなら安心して取引する。

さらに、インターネットで通信している相手は確かにウェブサイトの画面で示されているとおりの組織であることを確認するような仕組みが導入されている。これは、「SSL認証」という仕組みだ。しかし、序章で述べたように、SSL認証を得るには、高いコストがかかる。大企業なら獲得できるが、零細企業や個人では難しい。

(注) ピーター・シュタイナーが、The New Yorker (July 5, 1993) に掲載した漫画のキャプション。1匹の犬がPCの前に座ってインターネットの画面を開き、もう1匹の犬に“On the Internet, nobody knows you're a dog.”(インターネット上では、誰もあなたが犬だとは思わない)と話している。Wikipedia によれば、シュタイナーはこの絵の複製で5万ドルの収入

を得たそうである。

情報の非対称性から生じる「レモンの市場」

第5章の2で述べたカウンターパーティー・リスクとは、普通は金融取引において取引相手が倒産するリスクを指す。しかし、取引相手に対する信頼の問題は、これに限定されない。

相手がごまかしている可能性もあるし、詐欺師である可能性もある。カウンターパーティー・リスクは、相対取引から取引所取引に進み清算機構を設ければ、解決できる。しかし、相手を信頼できない問題は、こうした方法では解決できない。

市場の役割は、需要者と供給者を結び付けることであるが、その大前提として、提供される財やサービスについての情報が得られる必要がある。アダム・スミスが市場の効率性を論じたときの大前提は、それらの情報が得られることだ。

しかし、現実には、サービスの供給者はサービスの質についての情報を持っているのに対して、需要者は持っていない。たとえば、タクシー乗り場でタクシーを待つ利用者は、これから乗るタクシーの運転手が優良運転手かどうかを知ることができない。

これは、「情報の非対称性」あるいは「情報の不完全性」といわれる問題である。ノーベル経済学賞受賞者のジョージ・アカロフは、このような市場を「レモンの市場」と呼んだ[1]（俗語で「レモン」とは、質の悪い商品のこと。特に質の悪い中古車のこと）。そして、こうした市場では、悪循環が起きて、サービスの質が低下していくことを示した。

ところが、取引は行なわざるを得ない。取引相手を信用しなければならない。では、どのような相手が信頼できる相手なのか？

2 公的機関による登記・登録など

公的機関の信頼性に頼ってきた真正性の認定

真正性の証明のために、これまでさまざまな努力がなされてきた。公証役場の証明、印鑑証明、登記簿登記、パスポート、免許証、マイナンバー等々。これらは、公的機関の信頼性に立脚したものだ。

これらのいずれもが、紙のシステムから脱却できていない。税務ではやっとデジタルな記録が認められるようになったが、限定的だ。さらに、公的機関でも記録の改竄などが行なわれる可能性はある。

インターネットの世界では、なりすましでないことを証明するために、ＳＳＬ認証というシステムがある。しかし、この認証を得るには、かなりの費用が必要だ。ところが、第1章の2で述べたように、ブロックチェーンによってこの問題が解決された。ブロックチェーンに刻み込んだ記録は、改竄できないからである。

この特性を利用して、さまざまなサービスがインターネット上に登場している。特許権や著作権のような知的財産権の権利証明や、土地登記や結婚証明など公的証明の分野での応用が検討されている。映画や音楽などの著作物も、正規版の証明ができる。誰が権利者なのかを、公的機関による権威や仲介者へのコストの支払いなしに証明するサービスだ。それらのうち主なものを以下に紹介しよう。

意欲的なエストニアの e-residents プログラム

北欧バルト三国の一つエストニアでは、２０１５年12月から、ブロックチェーンによる公証サービスが開始された。このシステムは「イーレジデンツ」(e-residents)と呼ばれ、婚姻・出生・ビジネス契約などの公証サービスを行う。[2] 国がブロックチェーンを用いたプロジェクトを運用するのは、これが初めてのことである。エストニアはP2P電話の「スカイプ」を生んだIT先進国だから、驚くにはあたらない。
イーレジデンツ自体は、14年12月から始まっている。興味深いのは、エストニア国民でなくとも申請できることだ。認められると、エストニアでの会社設立、銀行サービスの利用などができる。イギリスのEU離脱決定後、イギリスからの申請が増えている。これは、つぎのような事情による。
EUには「パスポーティング」という制度がある。これは、EU参加国のいずれかで金融業の免許を取ればEU全域で金融業を行なえるというものだ。しかし、イギリスがEUを離脱すると、イギリスで免許を取った金融業者は、EUでの活動ができなくなる。ところが、エストニアはEU参加国だ。しかも、再投資された留保利益に対する法人税率はゼロである。そこで、エストニアに会社を設立して、金融業の免許を取り、パスポーティングの特権を受けてEUでの活動を行なおうというわけだ。エストニア政府自身が、howtostayin.eu. というウェブサイトで、会社設立を勧誘している。[3]
これまで、135ヵ国から1万2000人の個人と1000の企業の応募があったそうだ。コンサルタントやコンピュータープログラム関係のものが多い。[4]
これはタックスヘイブンではないかとの疑いも生じるが、エストニア政府は、そうではないとしている。親会社が存在する本国で課税されるからだ。

ナスダックは、ブロックチェーン技術をエストニア政府に提供する。会社登記や公的年金の登録、議決権行使などに関する登録業務を、オープンアセット（Open Assets）と呼ばれるブロックチェーンを導入することで運用が可能であるかをテストする。さらに、ブロックチェーン技術に基づいた電子株主投票システムを開発中とされる。

スウェーデン政府は、不動産登記情報を管理するブロックチェーンの検証を開始した。[5] 中国にも、同様のプロジェクト「スマートシティ計画」がある。ジョージア政府も同様の試みを行なっている。

このほか、徴税や社会福祉サービス、パスポートの発行、人口統計などの公共データの記録に役立てることが可能とされる。

Proof of Existence と Factom

Proof of Existence（プルーフ・オブ・エグジステンス）は、「文書がある日時に存在していた」ということを証明する。[6] このサービスは、２０１３年に始まった。

ブロックチェーンに記録されるのは、文書そのものではなく、そのハッシュ値である。第1章の1で述べたように、違う文書からは違うハッシュ値が出力される。したがって、あるハッシュ値がブロックチェーンに記録されていれば、当該文書がその時点において存在していたことの証拠になる。しかも記録されているのはハッシュ値だから、文書の内容自体は明らかにならない。

こうして、契約書、申込書、注文書等々、あらゆる書類や記録の存在を、その内容を明らかにせずに証明することができる。発明や発見のメモなども、その時点で確かに存在していたことを、メモの内容を公表することなく証明できる。

なお、これは「ゼロ知識証明」の一つの方法になっていると考えられる。ゼロ知識証明とは、相手に情報を与えることなく、自分が情報を持っていることを証明できる方法である。

Factom（ファクトム）も同じサービスを提供する。[7]

さまざまな書類や記録を管理、追跡、監査でき、中央集権的なシステムに比べてより安全で確実にデータ管理ができるとされる。

Factomがブロックチェーンに記録するのは、Proof of Existenceの場合と同様に、書類やデータのハッシュだけである。したがって、機密データが漏れる心配はない。記録にはファクトイド（Factoid）と呼ばれる専用のトークンが用いられる。

14年11月に公開されたホワイトペーパーで、きわめて興味深いテーマが議論されている。それは「非存在の証明」(Proof of non-existence、または、Proving a negative)だ。すなわち、あるものが「存在しない」という証明だ。

これは、一般にはきわめて困難な課題である。たとえば、「火星に生命が存在しない」という命題は、いまだに証明されていない。将来人間が火星に基地を建設したとしても、それを証明するのは難しいだろう。

「非存在の証明」は、法律の分野でも重要だ。これは、所有権の正当性に関連して、古代ローマ時代から難問とされてきた。所有権が、ある人に移管されたことを証明し、他の人には移管されなかったことを証明できるか否かという問題だ。

「限界がある（bounded）」システムの場合には、「非存在の証明」が可能である。すべてのデータを調べて、その中に見つからなければ、存在しないことが証明されたことになる。

その例がビットコインだ。すべての取引は、ビットコインのブロックチェーンに記録されている。したがって、AがBに送金している記録はあるが、他の人に送金している記録がなければ、二重払いはないわけで、AからBへの送金は正当なものとみなされる。

では、土地の場合にはどうか？　もしすべての取引が政府の登記システムに登記され、登記されていない取引は無効とされているのであれば（つまり、システムに限界があれば）、登記所に行って登記簿を調べればよい。そこに記載されている人が正当な保有者である。

しかし、発展途上国では事態は簡単でない。政府の登記制度は完全なものではなく、登記されていない土地や、登記されない取引があるからだ。この場合には、システムは「限界がない（unbounded）」のである。

したがって、誰が土地の正当な所有者であるかは、政府の登記簿だけを見ても分からない。取引の実態を考慮しなければならないわけで、所有権の確定は、きわめて難しい問題となる。Factom は、実際にこの問題に遭遇している。それについては、第8章の2で述べる。

3　商品の履歴トラッキング

ダイヤモンドの履歴のトラッキング EverLedger

ブロックチェーンは、物流管理に使うこともできる。複数の企業でブロックチェーンを利用して情報を共有するのだ。

サプライチェーン・マネジメントにおいて、「トレーサビリティ」（追跡可能性）が必要だといわれる。これは、物品の流通経路を、生産段階から始まって最終消費段階（場合によっては廃棄段階）に至るまで、追跡可能とすることだ。製品が誰によってどこで作られたか、どのような所有者を経てきたか、などのデータを蓄積するのである。食品などの生産・取引データを記録すれば、廃棄食品の横流しなども防げる。

従来はサプライチェーン・システムが担ってきたトレーサビリティを、ブロックチェーンを用いることによって低コストで実現できる。

たとえば、EverLedger（エバーレッジャー）は、ダイヤモンドの取引にブロックチェーンを応用するシステムを開発している。[8] センサーで個々のダイヤの形状を厳密に測定し、そのデータをブロックチェーンに登録する。そして、原産地の証明のほか、ダイヤの取引履歴をブロックチェーンに記録する。購入者は来歴を追跡することができる。

このため、「ブラッド・ダイヤモンド」（紛争の資金調達のため不法に取引されるダイヤモンド）や盗品の購入を回避できるとされる。

同様のサービスとして、つぎのようなものがある。

- Ascribe（アスクライブ：デジタルコンテンツの権利の発行や証明、偽装チェック、本物確認、取引履歴）
- Assetcha.in（アセットチェイン：貴重品の加工・流通過程の管理）
- Blockverify（ブロックベリファイ：絵画、ダイヤモンド、ブランド品や、偽装が多い薬などの管理）
- Chainfy（チェインファイ：ブランド品の真贋判定、美術品の所有移転記録）
- Midasium（ミダシウム：不動産市場での貸借契約の改善）
- Provenance（プルーブナンス：さまざまな商品の履歴の記録）

中古カー用品の売買プラットフォーム

株式会社オートバックスセブンは、2016年8月、ブロックチェーンを用いて、個人間の中古カー用品売買の売買プラットフォームを構築する実証実験を開始したと発表した。[9]

同社の発表は、「本サービスでは、改ざんが困難なブロックチェーン上で各商品の購入日、所有者データを管理し、それらを購入希望者に一部開示することで信頼性の高い取引環境をユーザーに提供します。さらに本サービスを実現することで、各商品が販売されてから廃棄されるまで、その所有者等が追跡可能となるため、不法投棄等の社会問題の解決につながる可能性も期待されます」と述べている。

これまでの中古車用品の個人間売買サービスでは、各商品についての情報は売り手の情報提供に頼らざるを得なかった。ブロックチェーンで情報を管理することによって、真正性が担保されることになるという。

プラットフォーム自体はオートバックスが管理し、売買が成立した際にユーザーから手数料を受け取る。

資産の証明

シンガポールのスタートアップ企業DigixGlobal（デジックスグローバル）は、金《きん》の所有権をエセリウム（Ethereum）のプラットフォーム上でデジタル化し、金で価値が裏づけられた仮想通貨ＤＧＸを作った。[10]

金を証書の形で売買するのは、別に目新しいことではない。実際、金本位制時代の兌換紙幣は、そのようなものだった。いまでも、金取引の多くは証書で行なわれている。ただし、従来の形のものには、問題があった。

第1に、取引コストがかかる。手数料があり、そのほかに「スプレッド」があるため、金の価値の5%程度増しの価格を支払う必要がある。コストを5%以下にするには、421ドル以上の取引をする必要があるとされる。それに対してDGXでは、0・001gまでの取引が、低いコストで可能だ。

従来の方式の第2の問題は、金業者を信頼する必要があることだ。昔から事業を行なっている有名な業者であれば信頼してよいだろうが、それでも100%信頼するわけにはいかない。ましてや、新参業者であれば、人々の信頼を獲得することは難しい。

DigixGlobal は、これらをプルーフ・オブ・アセット(Proof of Asset:資産の証明)と呼ばれる仕組みによって克服したのである。これは、金の保有量、真贋保証者による保証、保管者、外部監査人などの情報を、ブロックチェーンに記録する方法だ。そして、DGXの発行額は、保管され保証されている金の量に限定される。したがって、価値が保証されていることになる。DGXを物理的な金に交換することも可能だ。

この仕組みによって、DigixGlobal という組織を信頼することなしに、DGXという資産が信頼を獲得できるようになった。

一般に、小企業やスタートアップ企業が、自分の保有する資産について証明するためには膨大なコストがかかる。プルーフ・オブ・アセットの仕組みを用いれば、そのコストを劇的に低下させることができるのだ。

4 個人のデータをブロックチェーンで管理する

医療データ

商品の履歴がブロックチェーンでトレースできるのであれば、人間についてのデータも、当然できる。

それが必要とされる第1の分野は、医療データである。

本章の2で述べたFactom は、医療情報サービスの提供企業であるHealthNautica と業務提供して、個人の医療データをブロックチェーンを用いて記録するシステムの開発を始める[11]。

これは、医療の世界で昔から望まれていたもので、子供のときからのすべての医療データを記録するものだ。このデータを用いれば、医療ミスを飛躍的に減らすことができるという。

現在では、個人の医療データはさまざまな機関がばらばらに保有していて、統合されていない。このため、医薬の調合や診療に当たって、過去のデータが完全に参照されない場合が多い。常備薬は個人が記録し、医師や薬剤師に見せる必要がある。既往症や治療歴については、同一病院でカルテが参照できるのでないかぎり、本人が医師に伝えなければならない。脳卒中などを起こし出先で倒れた場合に、こうしたデータが正確に伝えられるかどうか、大変疑問だ。せめて常備薬や最近の既往症などだけでもよいから、個人医療データの統合システムが整備されることを望みたい。

このような個人医療データは、一定の制約のもとで、ビッグデータとして医療研究に用いることもできるだろう。それによって診療法や治療法が飛躍的に進歩することが期待される。

学習データや資格データ

ソニーの教育子会社、ソニー・グローバルエデュケーション（SGED）は、2016年2月に、ブロックチェーン技術を応用して、個人の学習到達度や学習活動記録のデータを、暗号化された形で特定の二者間で安全に利用することを可能とした。[12]

成績データをいったんブロックチェーンに記録すれば、SGEDを含め、誰もデータを改竄できない。本人の許可を得れば、簡単に他の試験機関とも共有できる。

入学試験などへの活用も考えられる。現在でも大学入試でTOEICなどの外部テストの成績を採用するケースはあるが、大学と試験機関とのデータのやりとりは、主として紙でなされている。ブロックチェーンを使えば、大幅に作業を簡略化できる。大学や高校入試で、幼稚園からの成績、学習態度、部活動の実績など長期にわたるデータを評価の対象にできる。

また、試験機関Aが、本人の許諾を得た上で結果を評価機関Bに送り、Bが自由な基準で柔軟にスコアを算出する、ということもできる。また、複数の教育機関が参加する信頼性の高い試験運用も可能になる。

SGEDは、インターネット上で主催する世界規模の算数テスト「世界算数(Global Math Challenge)」を開催してきた。これまで、80ヵ国以上から15万人以上が受験した。このコンテストは、解答結果の正誤や解答時間などを総合的に評価したスコアを算出しており、受験者の能力を世界基準で測定する貴重な評価となっている。17年には、成績データの管理にブロックチェーンを用いる計画だ。

なお、この技術は、医療・ヘルスケアや、環境、エネルギー分野などでの応用も期待されるという。

Learning is earning は、もっと広い範囲の教育を対象にして、SGEDと似たシステムを構築する。[13] 学校教育のみならず、コミュニティカレッジや個人が教えることも対象にする。そして、ブロックチェーンに記録したデータを、就職などのさまざまな機会に活用できるようにする。

現在でも、就職の際に、学歴や学校の成績のほかに、TOEICなどのテスト業者が行なう試験結果が参照されることはある。ただし、それらは、アドホックに参照されているにすぎない。それをもっとシステマティックに利用しようというものだ。

Learning is earning という言葉を聞いて、すべてを収入に結びつけることに対して反発する人もいるかもしれない。また、個人の能力が数字で赤裸々になってしまうことに対して、抵抗感を持つ人がいるかもしれない。しかし、コネ・縁故・情実などで就職が決まることに比べれば、ずっと透明でずっと公平だ。これまで、本当に能力のある人が評価されず、たまたま良い家庭に生まれただけの理由で多くの利益を受けるようなことが多かった。そうした不公平がなくなる。採用側としても間違いがなくなる。

また、私は、日本の大学の入学が、たった数日の筆記テストの結果だけで決まってしまうことに対して、大きな問題があると考えてきた。たまたまその日に風邪をひいて体調が悪ければ、合格できない。そして、それによってその人の一生が左右されてしまう。

こうしたことが問題だとは、誰でも認めるだろう。しかし対応策がなかった。高校の内申書は参照されるが、参考資料程度でしかない。ましてや、学校システム以外の教育は参照されない。それらは、信頼できるデータにはなっておらず、かつ簡単に処理できる電子的なデータとして統一されていないからである。

日本の大学は、いったん入学してしまえば、成績が悪くても途中で振り落とされることはなく、卒業できる。したがって、有名大学に入学すれば、人生のパスポートを得たような錯覚に陥ってしまい、勉強しなくなる。

実際、大学以降の勉強で就職の際に評価されるのは、TOEICの点数ぐらいのものだ。これでは、勉強する意欲はわかない。生涯学習の必要性がいわれるが、勉強したことに対するリワードがなければ、インセンティブは生じない。だから、就職した後は、勉強するよりは、上司に取り入ったり職場の人間関係を円滑にしたりすることのほうが重要と考えられるようになる。日本経済停滞の大きな原因は、学習が大学入試までで終わってしまうことだ。私はこれまで、それ以降の勉強が重要であることを強調してきた。しかしインセンティブの問題は否定できなかった。それが変わりつつあるのだ。

また、Learning is earning は、このシステムを奨学金に結び付けることができるという。将来有能と見込まれる学生に、投資家が投資をするのだ。奨学金制度を市場で運営するというアイデアは、昔から経済学者が夢見ていたことである。しかし評価が難しいので、実現できなかった。それが原理的には可能になる。

Recruit Technologies と ascribe は、個人の経歴をブロックチェーンに記録するプロジェクトの計画を2016年4月に始めた。[14] 職歴や公的資格証明書などを記録する。

経歴詐称は多い。また、外国の記録の場合には誤訳されたりする。正しい記録に対する需要は、HR（human resources：人的資源）の分野で大きいと考えられる。こうしたサービスが進めば、人的資源の流動化には大きく寄与するだろう。

なお、医療のシステムもそうだが、学習や資格のデータが蓄積されていくには時間がかかる。だから、これまで述べたシステムに直ちに効果を期待するわけにはいかない。しかし、未来の社会を構築する重要なインフラストラクチャーになるだろう。

ところで、医療や学習成果の個人データがブロックチェーンに記録される世界は、ビッグ・ブラザーの世界に見えるかもしれない。しかし、そうではない。

ビッグ・ブラザーの世界とは、誰かが私の個人データを持ち、それを私が知らないところで利用する世界だ。第５章の４で述べた、中央銀行が仮想通貨を発行する世界は、その典型例である。しかし、ブロックチェーンの場合には、私自身が自分のデータをコントロールできる。自分の知らないところでデータが使われるようなことはない。両者は、基本的に異なるものだ。

第7章　ブロックチェーンの応用(4)　IoT

ＩｏＴが注目を集めている。しかし、モノをインターネットでつなぐだけでは、経済的価値は生まれない。それどころか、ハッカー攻撃の問題が深刻化する。ブロックチェーンは、ＩｏＴにおいて不可欠なものになる。

1　ＩｏＴには経済的視点が欠落している

「Industrie4.0」（第4次産業革命）

ＩｏＴとは、Internet of Things の略であり、モノ（Things）をインターネット（Internet）でつなげることだ。そして、モノ同士で情報をやり取りする。そのため、「モノのインターネット」ともいわれる。

これまでインターネットに接続していたのは、ＰＣ（パソコン）、スマートフォン、タブレットなどの情報機器だった。また、テレビやデジタルカメラなどのデジタル情報家電をインターネットに接続する流れも始まっていた。ＩｏＴは、モノにセンサーを付けることによって、その対象範囲をさらに拡大しようとするものだ。そうなれば、あらゆるモノから情報が送られてくるので、それらをさまざまな目的に活用することができるとされる。

すでにＧＥ（ゼネラル・エレクトリック）は、世界中の飛行機に積まれている自社製のジェットエンジンの状態をリアルタイムでモニターしている。航空会社や海運会社は、旅客機や航行中船舶の運航監視を行なっている。

電力産業にも波及し、スマートメーターによる電力使用量の把握、発電設備の遠隔制御、スマートグリッド（次世代送電網）による地域単位でのエネルギー管理などが行なわれている。そして、ＩｏＴを工場管理に導入することによって、製造業の生産性を高めることができると期待されている。

ドイツは、「Industrie4.0」（第４次産業革命）というプロジェクトを推進している。これは、複数の工場と機械をインターネットで接続し、それらを全体として一つのシステムとみなし、生産を最適化しようというものだ。Industrie4.0は、新しい産業革命を導くとされる。日本政府の成長戦略も、この方向を追求すべきだとしている。アメリカでは、同じような発想から、ＧＥが「インダストリアル・インターネット」を促進しようとしている。

しかし、ＩｏＴを実際に導入するにはさまざまの困難な問題がある。それらの問題を解決するには、以下に述べるように、ブロックチェーン技術を使うことが不可欠だ。

セキュリティ確保が重要

ＩｏＴで夢の世界が実現すると、多くの人が期待している。しかし、すべてのものをインターネットにつなげたところで、それだけで経済的な価値が生まれるわけではない。これが多くの人が陥っている大きな誤りだ。確かに、すべてをインターネットにつなげようとすれば、センサーの需要は増えるだろう。しかし、「だから進めよう」というのは、古いモノづくり的製造業の発想である。

まず第1に、インターネットは信頼できない脆弱な通信手段であるから、「これに機器をつなげて大丈夫か？」という問題を考えなければならない。

そして第2に、センサーで得られた情報をどのようにして利用するかが考えられなければならない。この問題は、日本ではほとんど意識されないが、ＩｏＴに関する最も本質的で最も重要な論点だ。

まず第1の問題について見よう。ＩｏＴでさまざまなモノがつながると、モノがサイバー攻撃の踏み台にされるおそれがある。従来の情報セキュリティは、個人情報など、情報そのものにかかわるものだった。しかし、モノが情報システムに取り込まれると、新しい問題が発生する。制御システムがサイバー攻撃されると、大規模停電、断水、工場の生産停止といった大事故が発生しうる。自動車や医療機器などがハッキングされるリスクもある。医療システムが事故を起こすと、きわめて深刻な問題になる。

また、ロボットやドローンが犯罪やテロに使われる危険もある。この問題は、ＩｏＴの普及に伴って悪化していくだろう。これまで目立つことのなかった対象が、ハッカーにとって格好の攻撃対象となるからだ。

家庭用電気機器はハッカーの攻撃に対する十分な防御策を講じていないだろうから、攻撃者は、そこを足がかりにしてＩｏＴのシステムに潜り込む可能性もある。そして、システム全体に危害を加える可能性がある。「すべてのものをインターネットにつなげる」というのは、安全面から見れば、信じられないほど危険な状態を作り出すことを意味するのだ。

２０１０年7月に、イランの原子力発電所のコンピューター約3万台が、「スタックスネット」と呼ばれるマルウェア（悪意のあるソフトウェア）に感染した。このマルウェアは、急激な停止と始動を繰り返させて金属疲労を起こさせ、原子炉というモノを破壊した。原子炉が制御不能に陥り、暴走するおそれがあった。

社会インフラに対する攻撃もある。インフラなどの監視・制御システムにサイバー攻撃が仕掛けられ、公園に汚水が流れ込む事件がすでにオーストラリアで発生している。2015年における日本年金機構の情報漏出事件を見るまでもなく、日本はサイバー攻撃にあまりに無防備だ。この状態で多数のモノがインターネットに接続されたら、大変なことになる。

IoTは経済的に成り立ち得るか

問題はセキュリティだけにとどまらない。もう一つの深刻な問題は、経済的に採算がとれるか否かだ。技術的に可能であっても、経済的に意味がないことは多い。IoTでも、その問題が発生する。

　これまでIoTが使われてきたのは、ジェットエンジンの監視、スマートメーター、遠隔医療など、高付加価値のものに限定されていた。このため、コストを考慮する必要があまりなかった。しかし、対象範囲が広がると、コストが重要な問題になる。特に、ホームオートメーションではそうだ。

　コストが高くなるのは、これまでの情報処理モデルを応用しようとするからだ。クライアント・サーバ・システムでは、コストが高くなる。

　IBMは2015年1月に「ホワイトペーパー」を発表し、そのなかで、IoTの問題点を指摘した。[1,2] IBMのレポートは、現在の仕組みでは、IoTは広範には使えないとしている。なぜなら、中央集権型のアプローチでは、費用が高くつき、セキュリティ侵害を受けやすいためだ。具体的には、つぎのような問題があるとしている。そして、この問題を解決するため、ブロックチェーン技術をＩｏＴに用いることが必要だとしている。

(1)　クライアント・サーバ・システムのコストは高い

ＩｏＴの必要性はいわれるが、現実の普及は遅々としている。重工業の設備の3割程度しかネットワークにつながっていないし、スマートＴＶの1割しかインターネット視聴に使われていない。ホームオートメーションはもっと遅れている。

こうなるのは、情報の伝達や処理のためのコストが考慮されていないからだ。従来のクライアント・サーバ・システムでは、管理者が必要なため、コストは高くなる。

(2)　つないだだけでは価値は生まれない

ＩｏＴが提唱されるとき、さまざまな機器をつなげれば、自動的に価値が生み出されるかのようにいわれることが多い。しかし、機器を接続するだけでは、価値は生まれないのである。

ホームオートメーションでどれだけの価値が生み出されるかは、疑問だ。それにもかかわらず、日本では、トースターをインターネットにつなげる類のことが、大真面目に議論されている。トースターをインターネットにつなげて何をしようというのだろうか？　離れた場所からトースターにスイッチが入れられるということか？　それとも、パンの焼け具合がテレビに映し出されるということだろうか？　そうなれば確かに便利かもしれないが、そうした効果を宣伝する人は、そのためにどれだけのコストがかかるかを明らかにしない。トースターの遠隔操作に数十万円もかかるのでは、誰も利用しないだろう。トースターをインターネットにつなげても、それだけでおいしいトーストができるわけではない。

(3)　利益を上げるビジネスモデルがない

工場などであれば、機械の稼働を最適化するなどの経済的利益を実現できるだろう。しかし、ホームオートメーションなどのＩｏＴで利益を上げる方法は、見出されていない。デバイスをインターネットにつなげればユーザーデータが得られることは事実だ。現在さまざまな情報デバイスからのユーザー情報が「ビッグデータ」として価値あるものと考えられている。ただし、それは無料で得られたデータを自ら利用できる場合のことである。たとえば、コンビニエンスストアが売り上げデータを販売計画の立案に用いるような場合だ。一般家庭のデータを有料で売ることは不可能だろう。

(4) 信頼性を要しない方式が必要

インターネットに接続する機器の数は、1975年には全世界で1万個程度だったが、2009年には約25億個になった。いまは100億個程度だ。IoTが普及すれば、2050年頃には、それに接続するデバイスの数は1000億個を超えると考えられている。このような規模のシステムを、信頼のおける管理者が運営するのは、不可能ではないにしても、非常に高いコストを要する。

2 IoTにはブロックチェーンの技術が不可欠

集中型IoTではなく分散型IoTが必要

従来の考えであれば、IoTは集中的なシステムで行なわれるだろう。これは、国家レベルでソ連などの社会主義国家が計画経済で実現しようとしたのと同じ方式だ。

しかし、すでに述べたように、この方式にはいくつかの欠陥がある。最大の問題は、システムを運営するためのコストが高くなりすぎて、経済的に採算が合わなくなってしまうことだ。

IBMは、低コスト、プライバシー、独立性を守るという課題は、単一企業が制御する中央集権的な巨大データセンターの仕組みでは解決できないと考えた。そして、情報の保存、転送、交流のプロセスにおいて、個人や集団などが相互に信用せずにすみ、第三者機関を必要としないP2Pのシステムを構築する必要があるとした。

その具体的な方法として、ブロックチェーン技術を導入するのが不可欠と考えたのである。各デバイスは、決められたルールに従って行動する。すなわち、支払い、同意、交渉などを自動的に行なう。ブロックチェーンは、デバイスの履歴、製品変更、保証などの巨大なデータベースとなる。また、IoTの製造・供給者は、将来のソフトウェア維持などの責任を、ブロックチェーンに任せることができる。

これは、「モノの分散型インターネット（DIoT）」という新世代のIoTと考えることができるだろう。

IoTに接続されたデバイスが今後爆発的に増えていけば、従来のような集中型のデータ管理方式で対応するのは難しい。そこで、分散型のブロックチェーンを用いざるを得なくなるのである。

ブロックチェーンベースを用いて分散化されたIoTは、デバイス間の取引処理に対して真に革新的なアプローチになり得る。

ブロックチェーンを用いるIBMのIoT実験

ＩＢＭとサムスンは、ブロックチェーンを用いて故障修理や洗剤発注などを自動的に行なう洗濯機の実験を行なっている。[3] この試みは、ＡＤＥＰＴと呼ばれる（ＡＤＥＰＴ：Autonomous Decentralized Peer-to-Peer Telemetry：自律分散型Ｐ２Ｐ遠隔通信プロセスの略称）。

従来の考えであれば、洗濯機の故障、洗剤の残量、電力価格などの情報を中央のデータセンターに送り、あらかじめ決めてあるルールに従って決定を行ない、修理エンジニア、洗剤販売者、家庭内の他のデバイスなどに指令を発するだろう。しかし、ＡＤＥＰＴでは、これらをブロックチェーン技術を用いて自動的に行なう。

(1)　自動メンテナンス

洗濯機の部品を監視し、故障が検知された場合には、保証の情報を参照して、修理エンジニアに部品交換に来てもらうための発注作業を行なう。これらの作業をブロックチェーンによって、人手を介さずに自動的に行なう。

⑵　洗剤などの消耗品の管理
洗濯機の洗剤をモニターし、残りが少なくなると、リストにある販売者に洗剤の購入契約があるかどうかを問い合わせる。そして、持ち主の許可を得た上で洗剤の発注をする。

これらは、「スマートコントラクト」というコンピューターのプロトコルとして事前に決められている。「あらかじめ決められている契約に従い、ブロックチェーンを用いて取引を自動的に行なう」ということは、ビットコインなどの仮想通貨に関しては、すでに実現されていることだ。ところで、「あらかじめ決められている契約」とは、仮想通貨の取引に限定されない。もっと一般的な契約に関して応用できる。「スマートコントラクト」は、いま考えているような対象にも応用できるのだ。

⑶　電力管理のための他のデバイスとの交渉
いま、電力価格が急騰したとする。これが検知された場合、洗濯機から信号を発する。たとえばテレビに信号を送り、電源を切ることを要求する。

しかし、その時がたまたまテレビ視聴のゴールデンタイムだったとすれば、テレビはこの要請を拒否する。そして、洗濯機の使用を数時間遅らせる。このようにして、電気代を節約する。

デバイス間の電力の共有に関するこのような「契約」も、スマートコントラクトの形で取り決められている。

3 シェアリング、IoT、ブロックチェーン

ブロックチェーンを用いるIoTの将来の姿

この節では、ブロックチェーンとIoTがいかなる社会を作るかを探ろう。

スマートコントラクト(コンピューターが理解できる形の契約)には、一般にブロックチェーンが適用可能である。契約の交渉、締結、執行などをすべてブロックチェーン上で自動処理し、記録する。それによって、複雑な契約を、短時間で、低いコストで実行できる。

IoTでさまざまなモノが結び付けば、ブロックチェーン上でIDを認証されたデバイス同士が、自動で連絡しあうことになる。これによって、つぎのようなことが行なわれるだろう。

まず、IoTによって工場の効率的なマネジメントが可能になると期待される。各

製造過程の情報とメンテナンス情報をリアルタイムに把握することによって、製造ラインは最大効率で動き続けることができる。修理が必要な場合には、機械が警告を出す。部品の在庫を管理する。販売状況との関連で生産をコントロールする。

また、ビルの各部屋の状況を監視することにも用いられるだろう。光や空調などを自動でコントロールし、電力コストを削減し、オフィスのビッグデータを収集する。

病院には沢山のスマートメディアがあるが、現状では、互いに連絡していない。ブロックチェーンを用いれば、プライバシーを守りながら連絡するシステムを構築できる。患者の身体にセンサーを付けて、体温や心拍数、血圧などの情報をネットワークに送る。そのモニタリングはリアルタイムに行なうことが可能になり、医師が無駄に往診する必要がなくなる。

もう一つの重要な応用対象は、インフラストラクチャー（社会資本）の管理と修理だ。これまでは「壊れたら修理する」という方式だった。しかし、それでは、損失が大きくなる。

ブロックチェーンを用いれば、「壊れる前」に部品を交換する予防保全が可能となる。センサーが状況を監視し、修理が必要になれば信号を出す。そして自律運転車がそこに出向いて修理をするのだ。簡単なものなら、ロボットが行なうだろう。

たとえば、人が住んでいない地域にある水道管が「水漏れが発生。修理が必要」と発信すると、自律運転の修理車が現地に向かい、修理し、費用を計算して水道管理機関に請求する、などということも考えられる。

日本では、高度成長期に建設されたインフラストラクチャーが耐用年齢を迎えようとしている。このため、さまざまな事故が各地で起こっている。ブロックチェーン導入による管理システムの構築は、焦眉の課題だ。

4　自動車の自律運転とブロックチェーン

IoTは、自動車においても重要だ。部品に付けられたセンサーが異常を検知すると、スマートフォンなどにアラートを出す。また、その情報が自動的に自動車メーカーやディーラーに届けられ、メーカーが所有者に修理や部品交換を提案する。

自動車の自律運転は、2020年代には実用になりそうだ。そうなると、ブロックチェーンの重要度は増す(注)。

現在のように自分で車を保有したりタクシーを利用したりするのではなく、必要なときにウーバー（Uber）のような仕組みで自律運転車を呼び、目的地まで行くというスタイルが一般化するだろう。つまり、シェアリングが進展するだろう。

自律運転車は、客を乗せて運賃を受け取り、給油をしてガソリンスタンドへの支払いも行なう。渋滞を避けて最も早いルートを選び、そして駐車場を選ぶ。それらすべては、ブロックチェーンに記録される。車検を受けていない車はスタートできない。保険が切れてしまった車、交通違反の罰金を払っていない車も同様だ。

（注）「自動」と「自律」

英語との対応は、「自動＝automatic」「自律＝autonomous」。

「自動」は、あらかじめ決められたやり方を、そのとおり実行すること。「自律」は、自ら判断し行動すること、とされる。自動車の場合、責任を負うドライバーが監視役として乗車しているのを「自動運転」、完全な無人自動を「自律運転」といっている。

シェアリングエコノミーとブロックチェーン

ウーバーやエアビーアンドビー（Airbnb）は、「シェアリングエコノミー」と呼ばれる。しかし、現在のシステムでは、サービスの提供者と受け手を仲介するために、管理者が存在する。これは本来の意味のシェアリングエコノミーとは言い難いものだ。

「シェアリングエコノミー」とは、本来は「ピア・ツー・ピア」（Ｐ２Ｐ）であるべきだ。これは、サービスを提供する人とサービスを受ける人が、仲介者を介さずに直接に取引する仕組みだ。これは、ブロックチェーンを用いることによって可能となる。本来の意味でのシェアリングエコノミーを実現するには、ブロックチェーンが不可欠なのである。

そこでの重要な要素が、錠と鍵である(注)。

現在では、鍵は物理的な形態をとっている。自動車の場合は、レンタカー事務所に行って物理的なキーを受け取って運転する。しかし、ブロックチェーンを用いることによって、これを電子化することが可能だ。仮想通貨を送金すれば、スマートフォンをかざすだけで車のドアが開きエンジンがかかるようにできる。こうした錠は、「スマートロック」と呼ばれる。右に述べたような自律運転車の利用法を実現するには、スマートロックは不可欠だ。

同じことが、シェアリングエコノミーの他の分野でもいえる。たとえば、エアビーアンドビーを通じて部屋を貸借する場合、現在は、物理的な鍵の授受が必要だ。これには、手間とコストと時間がかかる。

しかし、スマートロックを用いれば、ドアにかざすだけで開き、電気のスイッチが入る。途中のさまざまな記録もブロックチェーンに保存できる。

第8章で紹介するSlock.it（スロックイット）というスタートアップ企業は、スマートロックを開発している。

（注）扉などに内蔵されているのが錠（ロック）。鍵（キー）は、錠の開閉操作をするための器具。

分散電力市場

TransActive Grid（トランスアクティブ・グリッド）は、LO3 Energy（LO3エナジー）とConsenSys（コンセンシス）のジョイントベンチャー。[5] ブロックチェーンによって地域的電力マーケットを作り、太陽光パネルで発電した電力を売る。これまでの仕組みでは、電力供給会社が家庭に送電するという一方通行だが、少量の電力について、発電している家と消費したい家との間で直接にやり取りする。

電力が、誰から誰に、どれだけ供給されたかは、ブロックチェーンに記録される。中央集権型のシステムに比べて、運営コストが大幅に安くなる。

ニューヨーク市のブルックリンでは、隣人と直接売買するための実証実験「ブルックリン・マイクログリッド」が行なわれている。

ウィーンのスタートアップ企業 Grid Singularity（グリッド・シンギュラリティ）は、同様のサービスを発展途上国で提供しようとしている。

Filament（フィラメント）は、ナスダック・リンク（NASDAQ Linq）を利用して、太陽光パネルをＩｏＴデバイス化する。電力証書をブロックチェーン上に証券化することを目指している。

ＩｏＴはハードウェアではなく情報の問題

日本のメーカーは、素材、部品、デバイスの製造は得意だ。しかし、それらを全体的に連携させ、関連づけて新しいシステムを作り出すことは下手だ。

スマートフォンがその好例である。アップルの iPhone を構成する部品はそれまでも存在していたもので、新しいものではなかった。ただ、それらを組み合わせることによって、世紀のヒット商品が生まれたのだ。

日本は医療機器に強いといわれる。しかし、強いのは、ＣＴやＭＲＩなどの機械や内視鏡などの道具だ。要するに、ハードウェアである。それに対して、ブロックチェーンが実現しようとしているのは、第6章の4で述べたように、医療情報をいかに収集し、管理し、活用するかということだ。この面においては、日本は決定的に弱い。

そもそもＩｏＴとは、ハードウェアではなく情報の問題である。結合されるハードウェアはこれまでも存在するものだが、結合されることによって新しい機能を生み出そうとしているのだ。日本ではそれをハードウェアの問題として捉えようとしているところに、基本的な問題がある。

前述したＩＢＭの洗濯機の実験プロジェクトの目的は、洗濯機の機械的な性能の向上ではなく、洗剤の購入など、主婦がやっていた仕事を全体として自動化することだ。しかし、日本のメーカーからは、そうした発想は生まれない。安くて丈夫で長持ちする性能のよい洗濯機を作るという発想しか出てこないのである。

日本の製造業は、安くて優秀なセンサーを製造することは得意だ。だから、それをさまざまな機器に埋め込み、それらをつなげることはできる。しかし、それが全体として経済的に意味のあるシステムになるかといえば、大いに疑問だ。

前記ＩＢＭのレポートが、「トースターをＩｏＴにつなげることはできるが、それだけでおいしいトーストができるわけではない」と言っているのは、大変重要な指摘だ。日本のＩｏＴは、このトースターのようになる可能性がある。

第8章

分散型自律組織や分散市場がすでに誕生

ブロックチェーンでスマートコントラクトを運営することにより、自律的に事業が運営される。これはＤＡＯと呼ばれる組織だ。ＤＡＯは未来社会の主役になるだろう。この章では、すでに登場しているＤＡＯを紹介することとする。

1　未来社会の主役ＤＡＯ

DApp、DAO、DACとは？

本章と第9章では、耳慣れない概念が主役となる。最初に、これらを簡単に紹介しておこう。

DApp（Decentralized Application：Dapps といわれることもある）とは、ブロックチェーンを用いて運営される分散型のアプリケーションである。「分散型」とは、それがＰ２Ｐ（コンピューターの集まり）によって非中央集権的に実行されることだ。次項で述べるエセリウム（Ethereum）を用いて、Dapp を作成できる。DApp の具体例は、本章の2で紹介する。

アプリケーションの利用に際しては、そのアプリに固有のトークンが必要になる（「トークン」のもともとの意味は代用通貨。ある Dapp の中だけで使われる仮想通貨のことを「トークン」という）。これは流通可能なものだ。アプリへの貢献に対する報酬は、トークンを支払うことで行なわれる。

つぎに、「ＤＡＯ」がある。これは、Decentralized Autonomous Organization の略。つまり分散化された自律組織、「分散型自律組織」だ。

伝統的な組織には、中央に管理者（経営者）がいる。それに対して、ＤＡＯは、管理者を持たず、Ｐ２Ｐを構成する多数のコンピューターが運営する。意思決定、実行、紛争解決は、人が行なうのではなく、プロトコルがあらかじめ定めたルールに従って行なう。ＤＡＯはブロックチェーンによってコントロールされ、変更のきかないルールにしたがって運用されるため、たとえ企業がなくなったとしても、サービス自体は提供され続けていく。

ビットコインは世界で初めてのＤＡＯだといわれることもある。採掘の方法、コインの生成量、いかなる取引を認めいかなる取引を不正として排除するか、などに関する一連の手続きは、あらかじめ「ビットコイン・プロトコル」として決められている。

このシステムにおいて、通常の組織・企業が提供する製品・サービスに対応するものは、ビットコインによる決済だ。株式はビットコインであり、社員（労働者）は採掘者（P2Pを構成するコンピューター）だ。彼らに対する給料はマイニング報酬であり、ビットコインで支払われる。顧客はビットコインの利用者だ。収入はビットコインの取引手数料である。

Dapp とDAOの違いは、前者がアプリケーションであり、後者が組織であることだ。Melanie Swan, Blockchain: Blueprint for a New Economy によれば、DAOは Dapps が進化したものであり、組織のガバナンスを記述する憲法的規定や組織の資金調達の方法が記述されたものが必要だ。

もっとも、Dapp とDAOの区別は、それほど厳密にはなされていない。論者や文献によっても、用い方が異なる。

DAC（Decentralized Autonomous Corporation/Company）という言葉もある。これはDAOの部分集合であり、株主のために配当を支払う組織だ。

2014年に刊行した『仮想通貨革命』を執筆していたときには、DACの実例としては、ビットコインとネームコインしか挙げることができなかった。以下で述べるようなエセリウムや分散市場はいまや実在のものだが、そのときには、まだ夢のようなものとして紹介した。

Dapp やDAO、DACなどは、bitcoin2.0 とか Blockchain2.0 などと呼ばれる

こともある。

Ethereum（エセリウム）

最近登場した仮想通貨として特に注目すべきは、エセリウム（Ethereum）だ。（注1）

エセリウムは、ユーザーが独自に定義したさまざまなスマートコントラクトや分散型アプリケーション（Dapps）を実行するためのプラットフォームだ。

ビットコインをはじめとする多くのプロジェクトでは、スマートコントラクトを記述・実装できるのが開発チームだけであったのに対して、エセリウムでは誰でも自由にスマートコントラクトの記述・実装ができる。また、そのプログラミング言語はチューリング完全（あらゆるプログラムを記述可能という意味）であるとされる。

エセリウムはＰ２Ｐによって運営され、管理者が管理するわけではないため、システムがダウンすることはない。12秒に1回承認作業を行なう。

エセリウムにおける取引手数料やスマートコントラクトの実行手数料は、燃料に譬えられて、Gas（ガス）と呼ばれる。Gasは基軸通貨のＥＴＨ（イーサ）で支払われ、作業によって使用手数料が定められている。Gasは取引の送信者が設定することができ、Gasが大きいほど、その取引がマイナーにより優先して承認される可能性が高くなる。

さまざまな契約や業務を自動的に実行する構想が、エセリウム上で次々と登場している。すでに300近いDappsが登録されている。[2] これらのいくつかを、本章の2で紹介する。

エセリウム・プロトコルの言語はイーサスクリプト（EtherScript）と呼ばれ、色分けされたモジュール方式で表現され、人間に読みやすく直観的に理解できるように工夫されている。その例が、PwC「ブロックチェーンとスマートコントラクトオートメーション：スマートコントラクトがデジタルビジネスをどう自動化するのか？」の3ページに示されている。[3]

エセリウムは『仮想通貨革命』で紹介した当時には構想段階であったが、2015年7月に、最初のバージョンが運用開始され、実際に稼働している。

エセリウムの時価総額は、16年11月26日現在で、約7億ドルだ。ビットコインは約118億ドル、仮想通貨全体の時価総額は約137億ドルなので、エセリウムとビットコインで仮想通貨全体の時価総額の91％を占めることになる。

(注) 日本では「イーサリアム」と表記されることが多いが、英語のアクセントは、第1音節でなく、第2音節にある。

2　Dapps やＤＡＯにはどんなものがあるか

シェアリングエコノミーの Slock.it

以下では、Dapps やＤＡＯとしてどんなものがあるかを紹介しよう。

まず、第７章の３で紹介したスマートロックを開発した Slock.it がある。これは、２０１５年９月に創業したドイツ・ザクセン州に本社をおくスタートアップ企業だ。スマートロックの運用をブロックチェーンを用いてＤＡＯとして行なおうというものだ。

同社のホームページで、つぎのように説明されている。[4]

〈●スロック（Slock）を使うことによって、使われていない自転車をリースに出して活用したり、パーキングプレースをオンデマンドで貸したりできる。エアビーアンドビーのアパートメントは全自動となる。未来のシェアリングエコノミーの基盤になる。

●ワンステップで自転車を貸し出したり、保険をかけたり、代金の受け取りができる。ブロックチェーンを利用しているため、自転車を貸した取引はすべて公開された記録として残り、その記録は追跡・捜査可能であるため、透明性があり安全に取引できる。

● 電子鍵をかけられるものであれば、何でも第三者の仲介なしにものの貸し借りができる〉。

ライドシェアリング La'Zooz

La'Zooz（ラズーズ）は、自動車のライドシェアリングのサービスを、運営者がいないDAOとして実現しようとするプロジェクトだ。[5,6,7] イスラエルのスタートアップ企業が計画している（La'Zooz とは、ヘブライ語で move という意味）。

相乗りの需要と供給を、ブロックチェーンを用いて結び付けようとする。たとえば、郊外のある町から都心に車で通勤する人の車にスペースがあったとする。同じ町からこの人の通勤先の近くに通勤する人は、その車に相乗りする。ライドサービスが必要な人は、走行距離に応じて Zooz というトークンで支払いをする。ライドサービスを提供する人は、Zooz を受け取る。

ウーバー（Uber）は、しばしば「シェアリングエコノミー」だといわれる。しかし、本当の意味でシェアリングといえるかどうか、疑問だ。利用者からみれば、単にタクシーを呼ぶサービスだ。自分の車をウーバーに登録して客を乗せる場合には、自家用車をタクシーにするということであって、「シェアリング」とは言い難い。本当の「シェアリング」とは、La'Zooz が実現しようとするようなものであろう。

ただし、このサービスが機能するためには、十分多くの人が La'Zooz のネットワークに参加していることが必要だ。創業者たちは、地域人口の3パーセントが参加すれば、そのような状態になると推計している。いつになったら本当にこのクリティカルマスが実現できるのか分からないが、アイデアとしては非常に面白いものと思う。

アメリカでは、高速道路の渋滞解消のために、カープールという制度がある。高速道路の一番左のレーンが、一定以上の人が乗っている車のために空けてあるのだ。ここを走れば、通勤時間の渋滞時にも、高速で走り抜けることができる。このレーンを利用するために、ライドシェアリングが行なわれる。

現在は同じ職場にいる人などが連絡を取りあってシェアリングしているのであろうが、La'Zooz のようなサービスが利用できれば、シェアリングはもっと広がるだろう。そうなれば、道路の渋滞も解消されるし、駐車スペースの節約にも役に立つだろう。

現在は実際のサービスは提供されていないが、La'Zooz に登録して車の走行状態を報告すれば、トークン Zooz を得ることができる。La'Zooz の側では、車の運行状況を知ることができ、それを将来実際にサービスを提供する場合の参考にできる。

このサービスを、車の相乗りにとどまらず、飛行機の空席や輸送機の空きスペースに活用することも検討されている。

ウーバーの場合は、地域のタクシー会社からの反対で導入できない場合もある。しかし、La'Zoozは DAOなので、訴訟などの対象にはならない。

クラウドソーシング Colony

クラウドソーシングとは、仕事を依頼したい企業と、仕事を受注したい個人をつなぐものだ。

すでにオンライン・マッチングサイトがいくつも誕生しているが、それは、仲介企業によって運営されている。それに対して、2014年にイギリスで創業された Colony（コロニー）は、特定のクラウドソーシング企業に依存することなく、各コロニーの参加者が直接的につながるためのプラットフォームを提供している。[8] 提案と投票により意思決定がなされ、貢献度に応じて評価される（ただし、まだ実験段階であり、一般のユーザーがColonyを利用することはできない）。これも、人間の能力に関するシェアリングと考えることができる。

第６章の４で、ＳＧＥＤやLearning is earningについて述べた。これは、個人の学習記録をブロックチェーンに記録するシステムだ。こうしたシステムがColonyと結び付けば、能力のある者がそれに適した仕事を見つけられる機会は増大するだろう。このようにして、フラットな組織が実現され、人々の働き方が変わっていくことが期待される。

金に裏付けられた仮想通貨ＤＧＸ

第６章の３で紹介したように、シンガポールの企業DigixGlobalは、金の所有権をエセリウム・プラットフォーム上でデジタル化した。そして、DigixDAOを用いて、OpenLedgerでのクラウドセールを実施し、わずか12時間で約６億円相当のゴールドトークンＤＧＸを完売した[9,10]。

今回発行されたのは、ＤＧＸとＤＧＤ。前者は金に裏付けられたトークン。ＤＧＤは、DigixDAOを会社とみなせば、その株式のようなものだ。その保有者は、ＤＧＸの取引手数料からの収入を得られ、ＤＡＯの運営について投票権を持つ。このプロセスは、第6章の3で述べたプルーフ・オブ・アセット（Proof of Asset：資産の証明）で行なわれた。この技術は、未来の金融取引を根底から変える潜在力を秘めている。まったく新しい金融資産が創造され、新しい方法で売却して成功を収めたのだ。

これは、文字どおり完全に自律的ではなくとも、それに近づいた仕組みと解釈できる。

自由市場 OpenBazaar

OpenBazaar（オープンバザール）は、P2Pの自由市場である。現在、テスト版がリリースされている。[11]

ビットコインとモノやサービス、デジタルコンテンツの交換を安全に行なえる分散型市場の構築を目指している。アマゾンやイーベイのようなサービスとは違い、管理運営をする会社や組織がない。

オープンバザールのFAQではつぎの説明がある。

「どこかのウェブサイトを訪れる代わりに、参加希望者はプログラムをダウンロードして自分のコンピューターにインストールすることで、商品やサービスを売買する相手を探している他の市場参加者と直接接続されます。このP2Pネットワークはいかなる会社や組織によっても管理されていません。互いに直接取引を行ないたい人々のコミュニティーなのです」。

ここでは、本物の銃、大麻、タバコなども売られているそうだ。これまでのようなウェブサービスであれば、直ちに停止になるだろう。しかし、OpenBazaar には管理者がいないので、取り締まることができない。ある意味では無法地帯だともいえるわけで、注意する必要がある。

土地登記 Factom

第6章の2で紹介したように、Factom（ファクトム）はさまざまな記録の管理サービスを提供する。[12] とりわけ、土地の登記謄本の記録管理に重点をおいている。

しかし、これは簡単な作業ではない。単にデータを記録するだけなら、そのデータのハッシュ値をブロックチェーンに記録することで、存在証明が行なえる。しかし、土地は所有者が変わるので、登記謄本を更新する必要がある。

特に発展途上国において、不動産の所有権が移る手続きは非常に複雑だとされる。たとえば、地方の権力が特別な要求を持っているかもしれない。また、購入者が外国人、農民、一時的居住者などで、条件が異なったりする。さらに、第6章の2で述べた「非存在の証明」の問題がある。

Factom は、中米のホンジュラスで土地登記のシステムを作ろうとした。ホンジュラスでは、土地登記書類の管理が不完全なので改竄されやすく、土地の6割が登録・管理されていないという。そこで、土地登記をブロックチェーンで管理することが試みられた。

しかし、15年12月には、このプロジェクトを停止すると発表した。こうした事態に追い込まれたのは、技術的な問題があったからではなく、同国で新しいシステムの導入に反対する社会的勢力が存在するためであるようだ。なお、16年1月には、ホンジュラス政府との長期的なパートナーシップについて新しいコメントを発表した。現在のところ、この問題の行方ははっきりしない。

なお、Factom は、中国における権利管理、監査をブロックチェーンで行なう「スマートシティ計画」にも加わっている。

クラウドストーレッジ Storj

Storj（ストールジ）の利用者は、P2P型のネットワークを形成したネットワーク内の他人のパソコン（PC）にファイルを保存し、その対価として仮想通貨SJCX

を払う。[13] また、自分自身のPCに他人のファイルを保存すると、SJCXを受け取ることができる。

あるファイルは、断片化され暗号化された後に、複数のPCに保存される。ファイルの断片の保存場所は、ストールジのブロックチェーン内に保存する。

従来のサーバ・クライアント型のクラウドストーレッジサービスと比較すると、データセンターを維持するコストが必要ないため、安価にサービスを提供でき、かつ各ファイルは断片化されるために安全だとされる。

AI、IoT、ブロックチェーンが結び付いた世界

AI、IoT、ブロックチェーンが結び付けば、完全に自律的な組織ができるだろう。これは、分野によっては、意外に早く実現する可能性もある。

たとえば、電車の運行などは、かなりの部分がDAOとして運営できるのではないだろうか？　また、自動車の自律運転が実用になれば、それを運用するDAOの重要性も増す。

タプスコットは『ブロックチェーン・レボリューション』の中で、未来の世界の自動車利用を描いている。多くの人は、自分で車を持たず、必要になったときにウーバ

ーで呼ぶ。これは、SUber（Super Uber）と呼ばれ、ブロックチェーンで運営されている。そこには、その人の好みの車種などが記録されている。呼ぶと、近くにいる車が知らせてくる。利用者は、目的地までの時間や料金を考慮して、最も望ましい車を選ぶ。

なかには、自律運転車を自分で保有する人もいる。その車は目的地まで行き、駐車場を探して、自分で駐車する。

ここで重要なのは、車に運転手がいないことより、DAOとして運営されていることだ。自分で料金を稼ぎ、燃料代や修理費を払い、保険契約をし、事故が起きたときには、相手と交渉する。これらはすべて人間抜きで自動的に行われる。

また、PwCのレポートは、つぎのような自律型eコマースの夢を描いている。[14] 自律運転のトラック群が、配送センターに品物を配送する。配送センターでは、ロボットが仕分けして、品物を自律的に機能する配達ドローンに載せる。つぎに、ドローンが最終消費者に配達する。一方、最終消費者は、返品したい品物（サイズが合わない靴など）があれば、ドローンが配送センターに持ち帰ることができるようにスマート・パッケージを外に出しておく。そうした個々の手順が、スマートコントラクトのウェブ上で管理・実行される。

現在人間が行なっている作業をどれだけ自動化できるかは、ロボット技術がどの程度進歩するかにかかっている。必ずしもすべての作業をロボットが行なう必要はなく、人間が行なう作業が残ってもよい。そうした考えに立てば、自動化できる組織は増えるだろう。

タプスコットは、ＡＩで動くＤＡＯが、スカイネットになるかもしれないと言っている。「スカイネット」とは、映画「ターミネーター・シリーズ」に登場するコンピューターの集団だ。自らの手足となる無人兵器による機械軍を作り上げ、人類の殲滅を目的とする。

スカイネットが登場するのか、それとも、SUber 的な組織が経済全体に広がるのか。この議論はＳＦの世界のものに思えるが、意外に早く現実の問題になるのかもしれない。

3　さまざまな分野に応用可能な予測市場

ＤＡＯによって公正で透明な予測市場が実現

ＤＡＯが利用可能になったために状況が大きく変わった分野が、いくつかある。その代表が予測市場（prediction market）だ。

予測市場とは、将来の出来事について賭けをする市場である。たとえば、今年の夏は冷夏か？ということに賭ける。

このほかにも、さまざまなことが賭けの対象となる。たとえば、政治的な出来事（現政権は2年後にも存続しているか？）、スポーツなどの結果（オリンピックで日本がメダルを50個以上取れるか？）、技術的な出来事（5年後に自律運転車が公道を走っているか？）、経済的な出来事（1年後のビットコインの価格は５００ドルを下回っているか？）等々である。

これまでもいくつかの予測市場が作られたが、それらの多くは閉鎖された。たとえば、１９９９年にアメリカで設立されたIntrade（イントレード）は、さまざまな商品の価格や政治分野の出来事などについての予測市場だったが、合法か否かの議論があり、結局、13年3月に閉鎖された。

これは、予測が賭博行為とみなされているからだ。賭博行為が禁止される理由は、2つある。第1は、射幸心を刺激するということ。これについては、後で述べる。

第2は、胴元（ブックメーカー）が不正行為を働く危険があることだ。つまり、八百長でオッズ（賭け率）や結果を自分の都合のよいように操作する場合があり得るからである。ここで、胴元とは、オッズの設定や、配当を行なう人だ。

ところが、ブロックチェーンを用いれば、胴元が必要なくなる。このため、賭けが公平で透明な仕組みになった。予測市場は、DAOで運用されることにより、初めて社会的に信認される仕組みとなったのである。また、DAOであるため、Intradeのように取りつぶされることはない。

そこで、最近、新しいタイプの予測市場のプロジェクトが始まっている。その一つがAugur（オーガー）だ。[15,16] これは、エセリウムのプロジェクトの一つとして実行されている。オッズの計算、賭け金の預かり、事実の認定、配当は、スマートコントラクトとして自動で実行される。これらを、誰かが恣意的に動かすことはできない。

誰もが、将来起こる事象を取り上げ、それを賭け事としてネットワークに載せることができる。そして、ビットコインやETH（イーサ）を送金すれば、それに賭けることができる。事実が判明すると、それにしたがって、自動的に配当が支払われる。

Augurは、Augur内で用いられるトークン（仮想通貨）であるREPのクラウドセールを行ない、500万ドル以上の資金の調達に成功している。

予測市場は、予測に価格付けする

予測市場は、つぎのように機能する。[17、18]

いま「今年の夏は冷夏になる」というのが賭けの対象事象であるとしよう。ここで、「冷夏」とは、たとえば「ある地点の8月の平均気温が25度未満」というように定義されている。

「この賭けの市場価格がpである」とは、つぎのことを意味する。この賭けを1枚買う人は、いまp円を支払う。実際に冷夏になった場合には、10円受け取る。冷夏にならなければ、受け取りはゼロになる。この賭けを1枚売った人は、いまp円を受け取る。実際に冷夏になった場合には、10円を支払う。冷夏にならなければ支払いはゼロである。

最初は、p＝5円から始める。冷夏になる確率が5割より高いと考えている人は、この賭けを買うだろう。なぜなら、「いま5円払うが、受け取り金額の期待値は5円を超える」と考えるからだ。他方、冷夏になる確率が5割未満と考える人は。この賭けを売るだろう。なぜなら、「いま5円を受け取り、支払う金額の期待値は5円未満」と考えるからだ。(注)

どれだけの買い注文と売り注文が発生するかは、人々がこの事象の発生確率をどの

図表8－1　予測市場での売りと買い

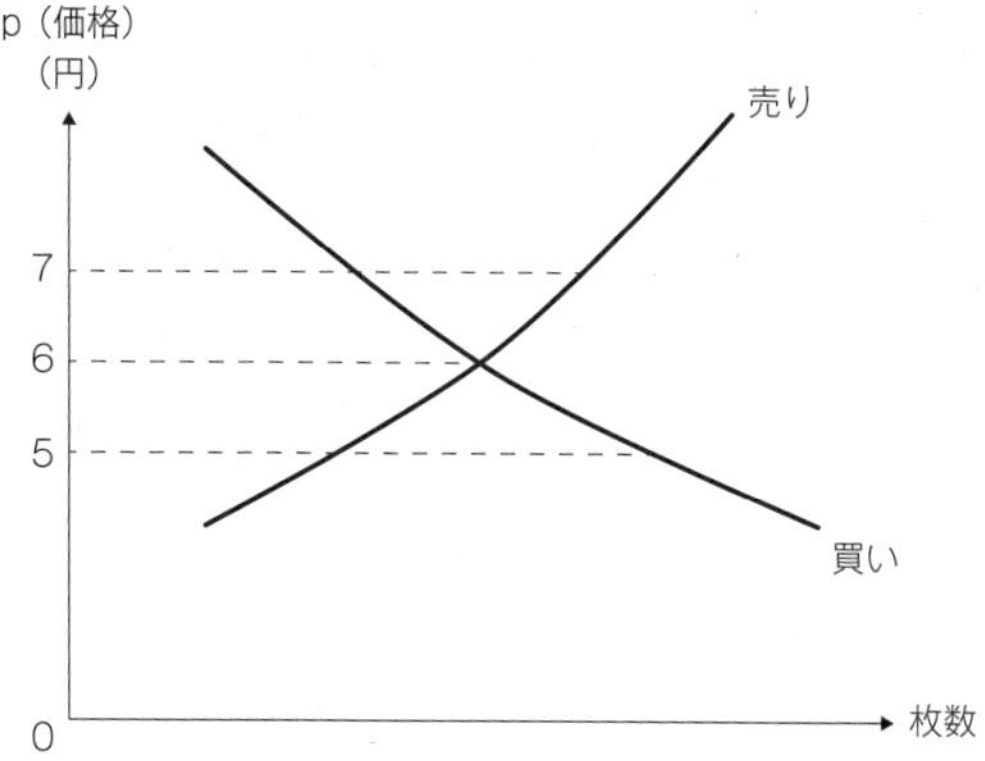

ように考えているかによる。図表8－1に示されている状況では、p＝5円では、買い注文の枚数が売り注文の枚数より多くなっており、売買は成立しない。

そこで、価格が引き上げられる。たとえばp＝7円まで引き上げられる。p＝5円の場合に比べると、買い注文は減り、売り注文は増える。それでもまだ買い注文のほうが多ければ、価格はさらに引き上げられる。

図に示すのは、p＝7円では、売り注文のほうが買い注文より多くなる場合だ。この場合には、価格が引き下げられる。

このようにして、買い注文と売り注文の枚数が一致するまで模索が続けられる。両者が一致するのが均衡価格だ。図表8－1では、p＝6円が均衡価格である場合を示している。

この場合、冷夏になる確率が6割より高いと考えている人と、それ未満だと考えている人が、枚数の意味で一致しているわけだ。つまり、おおざっぱにいえば、市場の判断は、「冷夏の確率は6割」ということと解釈できる。

一般に均衡価格は、時点が進んで将来の状況を見通しやすくなってくると、変化する。たとえば、7月までの気温が低ければ、おそらく8月も気温が低いだろうと推測できる。すると、同じ価格に対する買い需要が増加する。つまり図の買い曲線は右にシフトする。そして売り曲線は左にシフトする。この結果、均衡価格は上昇する。

(注)　式で表せばつぎのとおり。価格がpであるとき、この事象が発生する確率がπであると考えている人が賭けを1枚買うことで受け取れる期待金額は、$-p+10\pi$。これが正になる条件は、$\pi>p/10$。賭けを1枚売ることで受け取れる期待金額は、$p-10\pi$。これが正になる条件は、$\pi<p/10$。

分散型事実認定

これまでの賭けでは、「結果がどうなったか？」は胴元が判定する。しかし、Augurでは胴元がいないので、事実の認定のためにDistributed Fact Stream（分散型事実認定）と呼ばれる方法が用いられる。その仕組みはつぎのとおりだ。
「レポーター」と呼ばれる人が募集される。彼らは、予測の対象となる事象について、いかなる結果になったかを判断して、報告する。レポーターになるには、トークン（仮想通貨）であるＲＥＰを、デポジットとして一定額保有していることが必要とされる。

大多数のレポーターが報告した事実と同じ事実を報告したレポーターは、賭けられた金額の一定割合を報酬としてもらえる。しかし、多数派と異なる事実を報告した場合には、デポジットを没収される。これによって、公平性が高まる。レポーターの間の共謀を防止するため、多数のレポーターがいることが必要だ。

こうした仕組みが必要なのは、賭けによっては、「結果がどうなったか？」が必ずしも明白ではないからだ。

たとえば、「2年後に現内閣が続いているか？」は、結果が誰にでも明らかだ。そうであっても、誰かがその情報を予測市場に伝達しなければならない。「2年後のビットコインの価格」の場合には、そのデータは、必ずしも誰にでも明らかというわけではない。そこで、右のようなシステムを通じ情報を集め、結果を確定する必要がある。

Gnosis（ノウシス）も、エセリウムを利用する予測市場のプロジェクトだ（ただし、まだ準備段階）。ここでは、事実認定者は「オラクル」と呼ばれる（オラクルとは、「神託」のこと）。レポーターもオラクルも、ブロックチェーン外の情報を提供する役割を果たす。[19]

Gnosisでは、Augurとは違って、一人か数人のオラクルが事実を認定する。誰か一人でもこの認定に反対すれば、数人のオラクルのオラクルが構成するプールで最終決定が行なわれる。なお、Gnosisは、終章の3で述べる政治プロセスfutarchyを取り入れようとしている。

予測市場の機能

予測市場は、クラウドソーシングの一種と考えられている。つまり、将来の予測について「みんなの知恵」を活用しようというものだ。

それだけでなく、専門家の知見を取り入れることもできる。専門家は、ある種の事象の予見については、一般の人々より豊富な情報を持ち、有利な立場にいるかもしれない。彼らは予測市場で賭けを買うことによって、専門知識に対する報酬を受けることができる。

また、「予測の自己実現効果」（人々が予測を信じて行動すると、結果的に予測どおりになること）を利用しようとする考えもある。たとえば、ある国の政府が独裁専制政権で、悪政を敷いていたとする。これを打倒するため、予測市場で「この政権が2年以内に崩壊する」という賭けを立て、この予測を買うことを募るのだ。崩壊の予測確率が高まれば、打倒運動への支持も高まるだろう。これは、終章の3で述べるFollow My Vote の考えと似ている。

「アラブの春」（2011頃に中東で起こった大規模な反政府デモ）はSNSで広まったが、情報技術の進歩は、専制政府打倒のために、もう一つの手段を提供したことになる。

予測の自己実現効果は、技術開発にも関係がある。たとえば、自動車の自律運転が早い時期で実現されるという予測が広まれば、企業は資金を投入し、人材を集めるだろう。その結果、技術開発が加速されることになるだろう。

金融機能のかなりを予測市場が代替する？

さきに述べたように、ギャンブルが禁止されるのは、胴元による八百長や詐欺の問題があるからだ。しかし、分散型事実認定によって、その問題は解決された。すると、残る理由は、人々の射幸心を刺激するから、というものだ。

しかし、金融の世界では、射幸心を刺激する取引が堂々と認められている。ＦＸ取引では、少額の証拠金で為替レートに関する投機を実行できる。株式取引や先物取引にも、投機的な要素が大きい。それにもかかわらずこうした取引が認められるのは、これらによって将来の不確実性をヘッジすることができるからである。

たとえば、先物市場がある。農業生産者の所得は天候に大きく左右されるので、先物取引で作物の価格を固定し、天候のリスクをヘッジする。最近では、「天候デリバティブ」という金融商品が開発された。これは、天候によって利回りが変わる債券だ。ただし、先物も天候デリバティブも、対象は限定的だ。すべての不確実性をヘッジできるわけではない。

しかし予測市場なら、誰でも自由に賭け事を作ることができる。したがって、不確実性ヘッジの可能性は一挙に拡大したわけである。

予測市場が発展すると、さまざまなサービスを代替することができる。特に、これまで金融取引で行なわれてきたヘッジ行為のかなりを代替することができる。

たとえば、農業生産者は、天候不順による所得減少をヘッジする場合には、「今年の夏は冷夏になる」に賭ける。実際に冷夏になって作物の収穫が減少しても、予測市場の配当金で損失を補える。

あるいは、ＣＤＳ（クレジット・デフォルト・スワップ）という金融商品がある。これは、貸付先が倒産した場合に生じる貸付債権の債務不履行を保障するものだ。貸し付けを行なう金融機関は、ＣＤＳを購入することによって、貸し付けのリスクを移転させることができる（これらは、「保険と同じものだ」と説明されることが多いのだが、そのメカニズムは、保険とは異なる。これについては、拙著『ビジネスに活かすファイナンス理論入門』を参照されたい）。これも予測市場で代替できる。「貸付先が倒産する」という賭けを買っておけばよいからだ。

このように、予測市場は、天候デリバティブやＣＤＳと同じように、将来の不確実性に対するヘッジ手段となる。だから、重要な社会インフラになる可能性がある。

しかも、予測市場はゼロサムであるから、必ず清算できる。またＤＡＯによって継続性が保証されているので、支払いが不履行になることはない。これに対してＣＤＳは、引き受け手が破綻して、契約不履行になる危険がある。実際、２００８年にアメリカで起きた金融危機（リーマンショック）は、ＣＤＳの引き受け手である投資銀行や保険会社が経営危機に陥ったことで引き起こされたものだ。

タプスコットは、『ブロックチェーン・レボリューション』の中で、予測市場がオプションやCDSを代替するかもしれないとしている。

先物やオプションなどの金融商品は、もともとはヘッジのための手段である。しかし、投機に使うことも可能だ。リーマンショックは、金融機関のそうした行動によって引き起こされた。予測市場についても同じことがいえる。本来はヘッジのために使うべきだが、投機に使うこともできる。多くの人々が賭け事にネガティブな印象を持っているのは、投機に使われるからだ。

金融や予測に限ったことでなく、多くの技術は、人々の福祉を増すことに使えるが、同時に悪用もできる。飛行機は遠隔地に旅行できる手段となるが、同時に戦場では強力な兵器となる。「悪用される危険があるから、その技術は禁止すべきだ」ということにはならないのである。

ところで、予測市場の利用は、以上で述べた経済的なものだけではない。政治的プロセスに応用しようとする提案がなされている。これについては、終章の3で述べる。

予測市場は、政治的な場でも、悪用が可能だ。たとえば、「ある政治家が2年以内に病死する」という賭けを作って予測確率が高まれば、その政治家への支持が離れるかもしれない。

もっとも、事態はそれほど簡単ではない。なぜなら、その政治家が本当は健康であるとすれば、この賭けを売ることで莫大な利益が得られるからだ。

4　注目される分散市場

分散市場とは何か

「分散市場」（分散型取引所、Ｄｅｘ：Decentralized Exchange）というものがある。ブロックチェーンを用いて、さまざまな資産の取引を分散的に行う市場だ。（注1）

ここで「分散」というのは、従来の取引所のように管理者が集権的・集中的に取引を処理・記録するのではなく、同じ地位にある多数のコンピューターが構成するＰ２Ｐが取引を処理・記録することをいう（注2）（Ｐ２Ｐについては、第1章の1参照）。

ここで取引されるのは、ドル紙幣とか株券とか金塊という物理的なものではなく、仮想的な資産だ。ただし、仮想資産の価値が現実資産のそれに連動すれば、その資産を持っているのと同じになる。たとえば、価値がドルに連動する仮想資産を持っていれば、ドルを持っているのと同じことになる。ドルの紙幣や金塊を持つ必要はない。

たとえば、「コストが安いからビットコインで決済を受け付けるが、しかしビット

図表８−２　decentralized と distributed

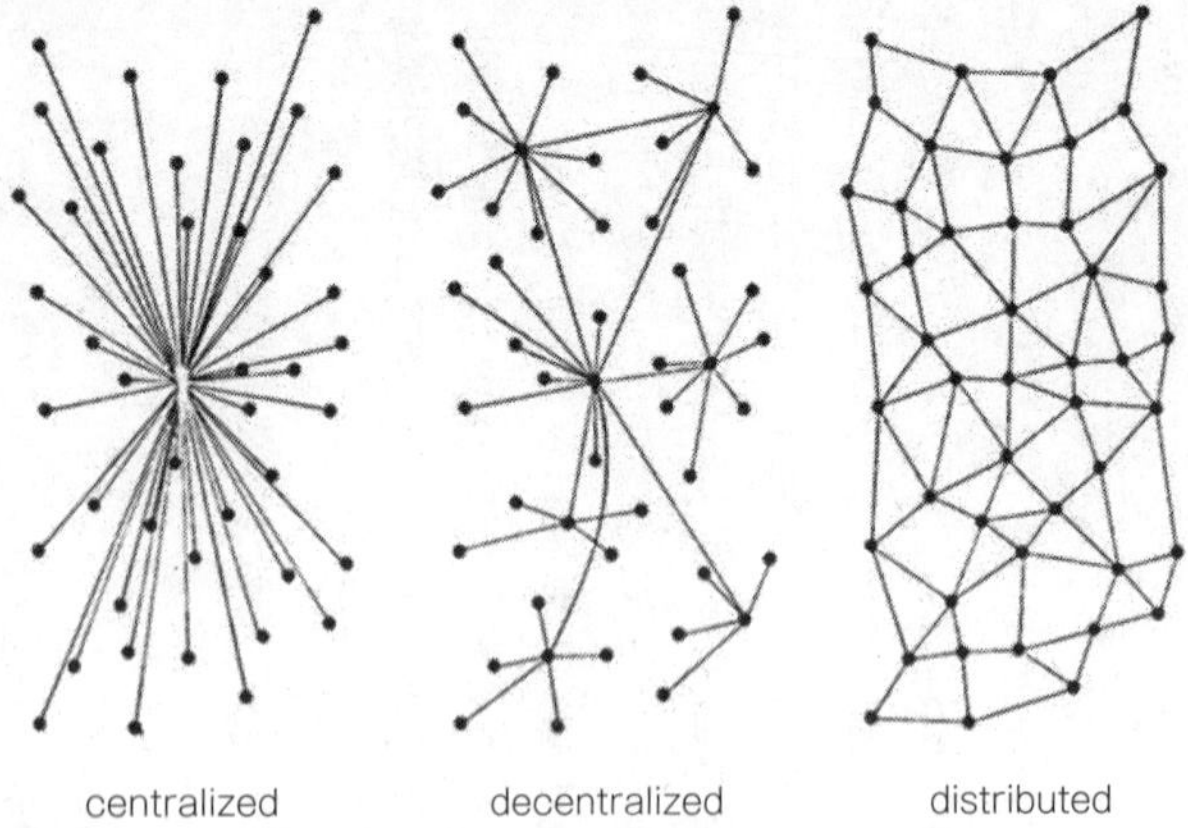

資料：Paul Baran, *On Distributed Communications Networks*, 1962.

コインの価格は変動するので保有したくはない」という商店は、分散市場でビットコインを別の資産に変えればよいわけだ。

実際に取引されている対象としては、ビットコインなどの仮想通貨のほかに、ドルや円などに価値がリンクした仮想資産がある。これについては、以下で述べる。

（注1）両替所（交換所）においては、両替所が示すレートで両替する。それに対して取引所では、指値注文、または成り行き注文を出す。すぐには約定できないかもしれないが、両替所よりは有利なレートで取引できるだろう。ただし、集中型取引所の場合には、約定まで時間がかかることがあるので、カ

ウンターパーティー・リスクがある。

（注２）decentralized と distributed は、日本語ではどちらも「分散」だが、英語の文献では、これらが区別されている。この違いは、図表８－２に示されている（この区別は、Paul Baran, *On Distributed Communications Networks*, 1962 によって示されたもの）。

「集中」システムでは、全体の中心が１ヵ所だけある。decentralized では、ローカルな中心が数ヵ所ある。distributed では、全員が同じ立場で互いに連絡しあっている。

なぜ分散市場が求められるか

さまざまな資産の取引は、これまでも市場で行なわれていた。では、なぜ分散市場が求められるのか？　従来の取引所には、つぎのような問題があったからだ。

(1)　セキュリティ

第１は、セキュリティの問題だ。２０１４年２月にビットコインの取引所、マウントゴックス（Mt.Gox）から顧客のビットコインが消失し、閉鎖に追い込まれた。これは、マウントゴックスが、管理者がいる集権的取引所であったためだ。その後も、取引所の破綻問題がいくつも発生している。

こうした事故は、不可抗力によって生じるものだけではない。管理者が顧客の通貨を盗むなどの意図的な犯罪行為や、詐欺もある。

⑵ コストが高い

集中型システムでは手数料が高い。仮想通貨そのものの送金コストが低くても、取引にコストがかかってしまっては、全体としてのコスト削減にはならない可能性がある。

⑶ 決済まで時間がかかる

これに対して、分散市場は、つぎのような利点を持っている。

① 相手を信頼する必要がない

第1に、分散市場では、取引はブロックチェーン上で直接に他のユーザーとの間でなされる。資金の残高、取引履歴、コラテラル（担保）などのすべての情報はブロックチェーンに書き込まれるので、データを改変したり破壊したりすることができない。このため、資金が盗まれる心配はない。また、カウンターパーティー・リスクもほとんどない。

取引所に対する規制が加えられたのは、⑴、⑵、⑶のような問題があったからだが、分散取引所にすれば、こうした問題はなくなる（他方で、取り締まりはできないため、マネーロンダリングの手段になりやすいという問題もある)。

②　取引コストが安くなる

高い手数料を払わなくて済み、低コストで取引できる。

③　決済までの時間を短縮できる。

第４章でみたのは、取引は従来のシステムで行ない、決済をブロックチェーンで行なうということだ。分散市場においては、すべてをブロックチェーンで行なう。超高速取引はできないだろうが、決済までの時間は大幅に短縮される。

④　流動性が増える

従来の取引所は、複数の取引所に取引が分散しているため、取引量の少ない取引所や通貨の場合には、取引が直ちに成立しない場合がある。世界中の取引が少数の分散市場で行なえるようになれば、流動性が増大するため、すぐに取引が成立する。

ビットコインのブロックチェーンを利用する分散市場

当初、分散市場は、ビットコインのブロックチェーンを用いる方向で考えられていた。これらは、送金などのサービスを利用するのに、少額のビットコインが必要となる。具体的にはつぎのようなものがある。

(1) カラードコイン(Colored Coins)

ビットコインの取引データには、コインの送信量や送信先以外にもデータを書き込めるスペースがあり、そのスペースに追加の情報を書き込むことによって、独自通貨を表現できる。これを「ビットコインに色をつける」という意味で、カラードコイン(Colored Coins)と呼んでいる。金・株式・証券・既存通貨その他あらゆる資産を表現することができるとされる。

ナスダック(NASDAQ)が利用しているオープン・アセッツ・プロトコル(Open Assets Protocol)が、その代表的なものだ。

(2) オムニ(Omni)

2013年9月にマスターコイン(Mastercoin)という名称でプロジェクトがスタートしたが、15年初めにオムニ(Omni)へ改名された。

カラードコインやカウンターパーティー(Counterparty)と同様に、ビットコインの取引データに追加の情報を書き込む。分散型取引所、独自通貨の発行機能などが実装されている。

通貨発行などの一部の機能には、スパム防止のため基軸通貨のOMNI(旧MSC)が少額必要となる。プロジェクトの資金として、約6億円が集められた。

(3)　カウンターパーティー（Counterparty）
分散型取引所、独自通貨の発行機能などが実装されている。14年1月に公開された。

カラードコインやオムニと同様に、ビットコインの取引データに追加の情報を書き込む。

ビットコインのブロックチェーンを利用するため、毎回少額のビットコインが必要となる。また、スパム防止のために基軸通貨であるＸＣＰを消費する必要がある場合もある。

送金の承認に約10分かかるなど、ビットコインのプロトコルによる制約もある。

BitShares と SmartCoin の仕組み

ビットコインのブロックチェーンを用いない分散市場も現れている。そこでプラットフォームとして用いられているものの一つが、BitShares（ビットシェアズ）だ。[20]
これは、エセリウムの上に作られている。
BitShares の仕組みは、やや複雑だ。それについて、以下に説明しよう。

(1) BTSとSmartCoin

BitSharesの世界には、いくつかの資産がある。第1は、BTS(BitShares)だ。これは、BitSharesにおける取引で使われる基軸通貨であり、株式のようなものである。BitSharesで取引をするには、BTSが必要となる。

第2に、スマートコイン(SmartCoin:当初はBitAssetと呼ばれていた)がある。これは、さまざまな金融資産の価格に連動する仮想通貨だ。たとえば、BitBTCはビットコインの価格をフォローする。つまり、BitBTCはビットコインとほぼ同じ価値を持つ。同様に、BitUSDは米ドルの価格をフォローする。BitGoldは金の価格をフォローする。ビットコインの価値は変動するが、それは、スマートコインを買うことで回避することができる。

なぜこうした仮想資産を作るのかといえば、ドルや金のような現実通貨やモノをP2P方式で取引するのは簡単ではないからだ。

ビットコイン(BTC)でBTSを買ったり、BTSをBTCで出金したりすることができる。

スマートコインはワレットからワレットへと自由に送付することができるので、他の仮想通貨と同じように使うことができる。ビットシェアではワレットと取引所の両方が一つのパッケージになっているので、資金管理、資金の送金や受け取りからトレードまでが一つのプラットフォーム内で完結する。スマートコインは、他ユーザーと交換可能であるため、商品やサービス購入時の決済に利用しやすい。

(2)　スマートコイン（SmartCoin）の取引

スマートコインはどのようにして作られるのか？　BitBTC を例にとると、つぎのとおりだ。

誰かが BitBTC をショート（空売り）する注文を出したとする。ショートとは持っていないものを売ることだから、そこで無から生成されたと考えれば、分かりやすいだろう。誰かがそれを買えば、BitBTC がビットシェアの世界で存在するものとなる。

BitBTC をショートした人は、いつか BitBTC を買い戻し、取引所に返却することによって、ポジションをクローズする必要がある。取引所で BitBTC を買ってもよいし、別のサイトで買ってもよい。ショートした人が BitBTC を返却すると、BitBTC は消滅する。

BitBTC を買った人は、ＢＴＳを売ってその代金を払う。つまり、BitBTC は、ＢＴＳによって裏付けされている。他のスマートコインについても同じだ。

BitBTC の現物を持っている人は、それを売るとき、BitBTC を買い戻そうとしている別の人に売れば、そこで BitBTC は消滅する。だからスマートコインの供給量が無限に増えていくことはない。

スマートコインをショートする人は、BTSの価値が上がり、スマートコインの価値が下がると予測している。逆にスマートコインを買う人は、BTSの価値が下がり、スマートコインの価値が上がると思っている。BTSを BitUSD に変えたら、BTSの価値が下落してもダメージを受けない代わりに、BTSの価値が上がっても、その恩恵を受けられない。

なお、BitBTC をショートするとき、ショートしたい BitBTC の100パーセントに相当するビットシェアを担保として取引所に預け入れる必要がある。また、買い注文を出した人は、買いたい BitBTC の100パーセントに相当するBTSを購入時に取引相手に支払うわけだから、合計200パーセント分のBTSが担保として取引所に預けられることになる。

担保になったビットシェアは、ショートポジションが完全に決済されるまで、ブロックチェーン上で保管される。

この担保は、ショートした人の損失が増大したときのための保険として保管され

図表8－3　仮想資産の時価総額

順位	名称	プラットフォーム	時価総額（百万ドル）
1	Augur	Ethereum	39.9
2	MaidSafeCoin	Omni	32.0
3	DigixDAO	Ethereum	17.8
4	Iconomi	Ethereum	14.6
5	Peerplays	BitShares	14.4
6	Ardor	Nxt	9.8
7	Xaurum	Ethereum	9.3
8	Golem Network Tokens	Ethereum	7.6
9	Storjcoin X	Counterparty	7.4
10	Tether	Omni	7.0
11	Bitcrystals	Counterparty	6.5
12	Synereo	Omni	6.2
13	SingularDTV	Ethereum	5.7
14	Agoras Tokens	Omni	5.3
15	SuperNET	Nxt	2.0
16	Scotcoin	Counterparty	1.6
17	Yocoin	Ethereum	1.6
18	Round	Ethereum	1.3
19	NautilusCoin	Nxt	1.0
20	MMNXT	Nxt	0.7

資料：Crypto-Currency Market Capitalizations

る。仮に価格変動が大きくなっても、ポジションの2倍の資金が担保としてあるから、強制的に決済することになっても、取引所側は支払い能力を保つことができるだろう。こうして、スマートコインはBTSの価値によって担保されている。ドルがビットコインになり、それがBTSになり、それがスマートコインになる。だから、信用創造は行なわれていない。

なお、独自のブロックチェーンを用いるプラットフォームとしては、ビットシェアのほかにNxtやStellarもある。

非中央集権型取引所Openledger

BitSharesはプラットフォームなので、どこかがそれを提供しなければならない。取引のプラットフォームとしてビットシェアを採用したのが、Openledger（オープンレッジャー）だ[21]。これは、デンマークの取引所CCEDKが開設した分散型取引所だ。

Openledgerでは、すべての取引はBitSharesのブロックチェーンに記録される。特定の主体が管理・運営しているのではないので、DAOの一種と考えることができる。

そのホームページで、Openledger の機能がつぎのように説明されている。

〈●現実通貨に価格連動したスマートコインがあり、ビットコインをこれに瞬時に変換したり、指値注文をしたりできる。スマートコインは、PayPal や振替を利用して直接キャッシュにすることができる。

●従来の銀行のシステムでは送金に数日かかるが、Openledger では1秒以内で世界中に送金できる。仲介者は存在せず、資産の凍結、差し押さえ、ハッキングやアタックは誰にもできない。

●メジャーなデビットカードを受け付けている店舗であれば、どこでもすぐに利用できる〉。

Openledger では、ビットコインやエセリウム、米ドルにペッグした BitUSD などの取引を行なっている。また独自トークンである Obits の発行も行なっている。

現実世界の支払いはどうするか？　相手がビットコインを受け付けてくれれば、ビットコインにして出金して払えばよい。受け付けてくれないのであれば、ドルにすればよい。

Onalyticaの'Fintech 2015：Top 100 Influencers and Brands'のTOP100BRANDSで、CCEDKは世界31位に選ばれている。[22] このランキングでは、ナスダックが23位で、総資産120兆円のスイス最大の銀行UBSが36位だ。分散市場はもはや限界的な存在ではなく、金融市場でのメジャーな存在になろうとしていることが分かる。

なお、Openledgerと類似の分散取引所としては、BitShares2.0などがある。分散型取引所やBitSharesについては、『仮想通貨革命』の第5章の5「分散市場と自動化企業が作る未来社会」、補論「分散市場の仕組みと自動化された通信社」で紹介した。そのときには構想段階だったので、夢のようなものとして紹介した。それがいまや稼働しており、巨額の資金を調達することに成功しているのだ。変化は想像した以上に速いスピードで進んでいる。

クラウドセールとICO

インターネット上の資金調達法としてこれまで行なわれてきたのは、「クラウドファンディング」だ。これは、ネット上でプロジェクトを公表して、それに共感した不特定多数の人から資金を募ることだ。

それに対して、最近行なわれるようになった「クラウドセール」（Crowdsale）とは、「トークン」（DAOでサービス利用のために必要とされる独自の仮想通貨）をビットコイン払いで売りに出し、開発費用を調達することだ。ICO（Initial Coin Offering：運用開始前仮想通貨の事前販売）といわれることもある。

トークンを購入することによって、プロジェクトをサポートすると同時に、プロダクトへの事前アクセスや特別な権利を得ることができる。

従来の資金調達法では、株式会社は投資家に対して株式を配布していた。クラウドセールは、株式の代わりにトークンを発行して配布するのだ。クラウドファンディングの場合にはかなり高額の手数料が必要とされる場合が多いが、クラウドセールではブロックチェーンを用いているので、コストは安く済む。

これまで行なわれた主なクラウドセールを図表8－4に示す。これらのうち Digix DAO はICOとはいえないが、その他はICOである。

ドイツの Slock.it 社による The DAO という分散型投資ファンドは、2016年5月にクラウドセールで160億円相当のETHを集めた。これは、クラウドファンディングを含めても、市場最高額といわれる（ただし、その後にハッキングによる資金流出問題が起きた。これについては、後で述べる）。

図表8－4　主なクラウドセール

プロジェクト	分野	プラットフォーム	調達額（千ドル）
The DAO	Blockchain	Ethereum	160,000
Ethereum	Blockchain	Bitcoin, Independent	18,439
ICONOMI Fund Management Platform	Fintech	Ethereum	10,682
FirstBlood Crowdsale	Software	Ethereum	6,267
Lisk	Cryptocurrency	Bitcoin, Independent	5,700
DigixDAO Crowdsale	Software	Ethereum	5,500
Augur	Software	Independent, bitcoin, Ethereum	5,133
Mastercoin	Cryptocurrency	Bitcoin, Independent	5,000

資料：Wikipedia, List of highest funded crowdfunding project を基に作成

エセリウムは、14年9月にネットワーク内の仮想通貨であるETHのクラウドセールを行ない、当時の価格で約19億円近い資金調達に成功した。ところが、1ETHの価格は、ICO時から1年少々で80倍程度に上昇した。このため、現在の時価総額は約7億ドルになっている。

DigixDAO は、550万ドル（約6億円）という巨額の資金

を集めた。注目すべきは、クラウドセール開始からわずか12時間で完売したことだ。

Factom は、データの管理や記録を行なうコンピューターに、報酬として独自の仮想通貨 factoid を与える。15年4月、Factom のシステムが稼働する前に Factoid のクラウドセールが行なわれた。64万2000ドルの調達という目標を立てていたが、すぐに予定額を達成し、目標を引き上げて、100万ドルを調達することに成功した。

Openledger は、ICOO（Initial Coin Offering Openledger）というICOに特化したファンドを立ち上げ、毎月のように新たなDACが資金調達のためのクラウドファンディングを行なっている。これまで行なわれたICOのほとんどは、Openledger で行なわれたものだ。

なお、Openledger では、独自トークンである Obits の発行も行なっており、このクラウドセールも行なっている。Openledger では、手数料収入などを使って、Obits の購入を行う Buy-back（バイバック）を行なっている。これは、上場企業の自社株買いと同じようなものだ。買い上げたトークンは、すべて燃焼（burn）される。(注) したがって、トークンの総数は減少する。つまり Obits の価値は上昇する。

プロジェクトの利用者数が増えると、手数料収入も増え、Buy-back の額も増加する。

そのため、投資家にとっての選択肢が増える。『ニューズウィーク』は、この動きを「資本の民主化」と表現している。[23]

資金調達者の側から見ても、新しい可能性が拓けた。これまでフィンテックで行なわれてきたクラウドファンディングやソーシャルレンディングは、誰でも使えるものではない。これによって資金調達できる主体は限定的だった。エセリウムのプラットフォームを使えば、通常の企業でも資金調達ができるだろう。それだけでなく、場合によっては、零細企業や個人も資金調達できるかもしれない。『ニューズウィーク』の表現を借りれば、「資金調達の民主化」だ。私は、この側面が重要だと思う。

私の空想だが、リバースモーゲッジや奨学金への応用も考えられる。それらを個人の都合に合うように設計するのだ。そして、居住資産を流動化する。あるいは将来の所得を担保にして借り入れをする。これらは原理的には可能だが、取引コストが高いため、これまでは実行できなかったものだ。ここで述べたような仕組みによって、それが実行できる可能性が見えてきた。

（注）burnとは、発行済みアセットを消却すること。

IPOからICOに

今後、多くの企業が、事業の一部で自律的な運営に適している部分を切り離して、DAOにするだろう。革新的な新技術が開発された場合には、それをDAOとして運営するだろう。そして、ICOによって開発資金を調達するだろう。

これまで、スタートアップ企業は、一定規模まで成長すると、IPO（Initial Public Offering：新規株式公開）によって資金を調達してきた。未公開で時価総額が10億ドルを超える企業は「ユニコーン」企業と呼ばれるが、こうした企業もいずれIPOをするのだろう。しかし、IPOの手数料がきわめて高い。今後は、IPOではなく、ICOを行なう場合が増えるのではないだろうか。

ICOが急激に増えたのは、先に述べたように、エセリウムのコインであるETHの価格が短期間で値上がりしたのに刺激されたのだろう。こんなことは、株式の世界では滅多に起こらない。

このように、技術開発資金の調達法が一変しようとしている。いま起こっていることを見ると、2004年にまだ小規模な企業だったグーグルがIPOしたことを思い起こす。その後グーグルの持ち株会社であるアルファベットの時価総額は、アメリカで第2位になった。それと同じようなことがいま起ころうとしているのだ。

エセリウムのハードフォーク問題

前述のように、Slock.it 社による The DAO は、２０１６年5月にクラウドセールで１６０億円相当のＥＴＨを集めた。しかし、コードの脆弱性を突かれてハッキングされ、約50億円相当のＥＴＨが流出してしまうという事件が生じた[24,25](注1)。問題があったのは The DAO のコードであり、エセリウムではない。つまり、エセリウムのシステムが破られたのではなかったのだが、エセリウムも対応を迫られた。エセリウム・プラットフォーム上に数多くあるプロジェクトのひとつである The DAO 内で起きた出来事の波紋が、エセリウム全体に波及したのだ。エセリウム・コミュニティはハードフォークする方向でまとまり、7月20日にハードフォークが実施された(注2)。これによって資産の不正移動はなかったこととされ、奪われたトークンは元の持ち主に戻された。ＥＴＨの取引を行なう取引所でも以前どおり取引業務が開始された。その意味では、問題は解決されたわけだ。

ただし、エセリウムの運営チームの中では、「ブロックチェーンの不可逆性は重要であり、何らかの利害関係に影響を受けず中立であり、絶対に不変であるべきだ。ハードフォークは非中央集権システムの理念に反する」との意見があった。この意見の人々により、エセリウム・クラシックが作られた。現在エセリウム（通貨コード：

ETH）とエセリウム・クラシック（通貨コード：ETC）のいずれも取引可能である。

今回発生した事態は、今後のエセリウムにとって、非常に重要な問題を提起することとなった。

（注1）DAOと the DAO は別であることに注意が必要だ。DAOとは、この章の最初に定義したように、分散型自律組織を指す一般名詞だ。問題を起こしたのは The DAO で、Slock.it 社がサイド・プロジェクトとしてスタートした分散型の事業投資ファンドだ。こちらは固有名詞である。

（注2）「フォーク」とは、分岐という意味。不正と判断された送金を取り消すため、複数の子DAO内に移動してしまったETHを一つの返却用のコントラクトに移すこととされた。エセリウムのブロックチェーンに記録されるすべての取引を戻すものではなく、The DAO プロジェクトに関連する取引のみが対象となった。

第9章

分散型自律組織はいかなる未来を作るか

ブロックチェーン技術は、金融以外に広い応用範囲を持ち、社会の姿を根底から変える潜在力を持っている。

では、企業の形態が大きく変わり、労働の形態が変わることに、社会は対応できるか？　法制度が対応できるか？　施策が対応できるか？

1　DAOは企業組織を根本から変える

どこが自動化されているのか

DAOの具体例は第8章で述べた。これをその他の組織形態と比べると、どのように位置づけられるだろうか？

これを考えるには、エセリウムの創始者ヴィタリック・ブテリンによる概念整理が役立つ[1]。図表9－1に示したのは、ブテリンが"DAOs, DACs, DAs and More : An Incomplete Terminology Guide" というエッセイで示した図をもとに、それを若干修正したものである。

株式会社は、経営者、労働者、資本家、そして取引相手、顧客などによって成り立っている。図に示したすべての組織において、資本家と取引相手・顧客は、現在の企

図表9－1　DAOと他の組織の関係についての概念整理

	労働者がいる	労働者がいない
経営者がいる	伝統的な株式会社	ロボットを使う企業
経営者がいない	DAO DAC	AIによる完全自動企業

業の場合と同じように存在するだろう（ブテリンは、資本家が存在することを、「internal capital が存在する」と表現している）。

図表9－1では、経営者、労働者の有無によって分類している（ブテリンは、経営者存在することを Humans at the center、経営者が存在しないことを Automation at the center と表現している。また、労働者が存在することを Humans at the edges、労働者が存在しないことを Automation at the edges と表現している）。

伝統的企業とロボットを使う企業

図表9－1の左上に示してあるのは、伝統的な企業であり、経営者も労働者もいる。

ロボットを使う企業が右上に示されている。ここには、経営者はいるが、労働者は自動的に動く機械によって代替されている。フルオートメーション化された工場でロボットが生産を行なっている企業は、この例だ。

「自動組織」とか「自律組織」というと、多くの人は、右上のタイプの企業を思い浮かべる。そこでは、これまでブルーカラー労働者が行なっていた肉体労働が、ロボットに代替されている。

なお、ロボットが代替するのは、肉体労働とは限らない。検索エンジンでは、「クローラ」と呼ばれるロボットが全世界のウェブサイトを巡回し、データを集めて巨大なデータファイルを作り上げている。これも、ロボット企業の例である。

DAOには、労働者はいるが経営者がいない

DAOは、図の左下に位置している。つまり、DAOには労働者がいる。では、これまでの組織と何が違うのか？　それは、管理者（経営者）がいないことだ。ロボットは人間が管理しているので、ちょうどDAOの対極にある。

今後DAOが広がるとしても、組織のすべてをDAOにするのではなく、一部だけをDAOに置き換える場合もあるだろう。特に、ルーチン的な作業がそうなる可能性がある。また、これまで存在していた企業から、複数のDAOが誕生することもあ

るだろう。その場合、ＤＡＯで行なわれる事業に関しては管理者はいなくなるが、全体の運営を決める「メタ管理者」とも呼び得るものは存在し続けるかもしれない。

なお、第8章の1で述べたように、ＤＡＯの部分集合としてＤＡＣがある。

金融機関についていえば、現在の銀行や証券会社は、ほとんど人間によって運営されているが、ＡＴＭなどのロボットも使われている。

ビットコインはＤＡＯと考えることができる。この場合の労働者は、マイニング（ブロックチェーンを維持する作業）を行なう人々だ。

第3章で述べたプライベート・ブロックチェーンを用いる銀行は、経営者が存在するのだから、図の左上に位置する伝統的な株式会社のままにとどまっている。

金融業においてはプライベート・ブロックチェーンが使われることになったとしても、他方で、分散市場などのさまざまなＤＡＯが登場するだろう。それは、社会の分散化を進める。

図の右下は、完全に自律的な組織だ。ブテリンは、これはＳＦの世界のことだと言っている。

しかし、タクシーやレンタカーについては、意外に早く実現する可能性もある。それは、第8章の2の最後で描いたような世界だ。

2　分散型組織で人の仕事はどう変わるか

「中抜き現象」が進む

ＤＡＯに「破壊者」としての側面があることは、否定できない。

これまでは人間によってしかできなかった仕事を、ブロックチェーンが代替するようになる。失業を生むディスラプター（破壊的革新者）の側面だ。

第５章の３において、現在の金融産業で仲介の役割を果たしていた人々は、ブロックチェーンによって代替されるだろうと述べた。他の産業でも、ブロックチェーンの活用やＤＡＯの登場によって、「中抜き現象」が進むだろう。

情報産業においては、インターネットの拡大による影響はきわめて大きかった。たとえば、これまでのマスメディアでは、記者が取材をしてニュースを伝えた。しかしインターネットの時代になると、その場にいる人が直接に発信する場合が多くなった。

商品の製造から販売に至る過程においても、同じことが起きる。ロボットが代替するのは肉体労働だが、ＤＡＣはルーチン的事務作業を代替する。

しかし、ＤＡＯの影響はこうした側面だけではない。それについて、以下に述べよう。

したい仕事に専念できる

前述のように、分散型組織に労働者はいる。しかし、このことは、労働者がこれまでの形のままで残ることを意味しない。働き方は変わるだろう。とりわけ、情報を右から左へ単純に伝達したり、仲介したりする作業は、ブロックチェーンに取って代わられるだろう。だから、単純労働の多くは、整理の対象になるだろう。ＤＡＯにおいて人間が行なうのは、もっと創造的な仕事が中心になるだろう。

たとえば、「手作り家具を作る」というような仕事は残るだろう。残るだけでなく、その仕事に専念できるだろう。なぜなら、材料を発注したり、顧客を探して注文をとったり、代金を徴収したり、帳簿をつけたりといった作業は、ＤＡＯが代替してくれるからだ。ウェブサイトを作って宣伝をしたり、ブログに掲載して詳しい説明をしたりすることも、ＤＡＯが行なうだろう。この過程で、ＤＡＯは顧客や取引先と交渉をしてくれるだろう。

個人営業のレストランもそうだ。注文をとったり会計をしたり、帳簿をつけたり、税務申告をしたりする作業は、DAOが行なう。材料の仕入れで値段を交渉したり、ウェブに広告を出したりする作業もやってくれるだろう。そして、主人は料理を作ることに専念できるだろう。これまで経営者兼労働者であった主人は、労働者としての仕事に専念することになるが、経営者としての雑務から解放されて、働く喜びを実感することになるだろう。

右に述べたのは、ロボット化とは正反対の方向だ。家具を作ったり、料理を作ったりすることは、ロボットが代替することもできるだろう。それは、図表9－1でいえば、右上にある企業の方向である。

そうした方向での変化も進むだろう。しかし、半面で、ロボットでは作れない家具や料理を作るという方向も進むはずだ。ただし、そうした企業においても、自動化ができる業務はあるはずだ。右に見たようなルーチンワーク的事務作業がそれに当たる。それをブロックチェーンで代替するのである（その中には、一定のルールに従って相手と交渉することも含まれる）。

簡単にいえば、肉体労働はロボットにまかせ、管理的、事務的作業はブロックチェーンにまかせるのである。その意味でいえば、「DAOにおいて残る人間の労働は、最も人間らしいものになる」ということもできる。

将来人間が行なう仕事は、以上で述べたようなものだ。実は、そのような傾向は、すでに有効求人倍率の統計にも表れている。サービスで需要が多いのは対人サービスであり、事務職に対する需要は少ないのだ（ただし、これは、ＤＡＯの影響ではなく、従来型のＩＴの利用が進んだ結果だ）。

介護をDAOで行なう

日本の将来を考えた場合に特に重要なのは、介護サービスにおけるＤＡＯである。現在介護従事者が行なっている作業の中には、まず、介護ロボットで代替できるものがある。これは、確かに重要だ。たとえば入浴の介助を人間が行なうよりは、ロボットが行なうほうが、ずっと快適な入浴ができるだろう。そのほかにもロボットを導入する余地は多数あると思われる。ただし、人間が行なわなければならない仕事が残ることも間違いない。たとえば、話し相手になることなどだ。

これらのことは、広く認識されている。必ずしも認識されていないのは、ブロックチェーンで代替できる作業もあることだ。

たとえば、要介護者の過去の病歴などに応じて適切な処置をしたり、薬の手配をしたりすることだ。これは、医療サービスにおけるブロックチェーンの応用として、すでに試みられている。それ以外に、多くの事務的な仕事がある。費用の受け払い、介護保険への請求などだ。これらは、ＤＡＯによって代行することが可能だ。

その他の管理的な仕事も、ＤＡＯがやってくれるだろう。そして人間は、人間でしかできない介護サービスに専念する（ただし、ＤＡＯによって勤務評定されることにもなるだろう）。

介護における省力化の必要性は、これまでも認識されていた。ただし、これまでは、省力化はコスト削減の立場から考えられることが多かった。しかし、それだけではなく、将来における人手不足に対処する手段として、重要な意味がある。

拙著『２０４０年問題』で指摘したように、日本は近い将来に深刻な労働力不足に直面する。これまでのトレンドが続けば、２０１０年に約６０００万人いた労働力人口が、２０５０年頃には５０００万人程度にまで減少する。[2] 他方において医療・介護に対する需要は増大するので、全就業者の約４分の１が医療介護分野に吸収されるという異常な事態が招来される。

この問題の解決には移民を受け入れることが必要なのだが、日本はなかなかその方向に踏み切れない。したがって、医療・介護分野での省力化が重要な課題となるのだ。これまで日本では、雇用の確保が重要な課題と考えられてきた。しかし、将来は、逆に、人手不足が深刻な問題となるのである。

ブロックチェーンがもたらし得る問題として、雇用機会が奪われることをこれまで述べてきた。そして、それはネガティブな問題であると考えてきた。しかし、労働力不足に陥る将来の経済では、逆の評価が必要なのである。

人間が判断する組織のほうがよいとはいえない

これまで人間が行なっていた判断をＤＡＯが代替することに対して、「人間の判断のほうが重要だ」という意見があるだろう。しかし、どんな場合にもコンピューターより人間のほうが勝っているのか？

実際には、人間だけが構成している組織のほうが問題を持っている場合は多い。人間が行なっている仕事の多くは、単に情報を右から左に仲介するだけのものだ。判断すらしていない場合がかなりある。

それどころか、巨大な組織になると、右から左に仲介するだけのことも、できなくなる。現状がどうなっているかが適切に把握されておらず、各部局がバラバラの中で判断が行なわれる。東京都の豊洲市場移転に伴う盛土問題はその典型だ。

大組織で働く人の多くが指示待ち人間であり、自ら進んで判断しようとしない。判断するにしても、マニュアルに従った判断しかしない。それらのほとんどは、コンピューターで代替できるものだ。そして、コンピューターのマニュアルのほうが、複雑な状況に対する複雑な対応ができる。杓子定規な対応は、むしろ人間のほうに多く見られるといってよい。

経営と所有の分離問題への最終的解答

DAOやDACには、経営者がいない。これは、企業形態の基本的な変化だ。

このことの意味を、経営と所有の分離問題との関連で考えてみよう。

近代以降、株式会社制度が作られ、発展した。しかし現代的な需要に応えているかといえば、疑問なしとしない。現代の株式会社が抱えている最大の問題は、経営と所有の分離だ。

株式会社が成長するにつれて、経営と資本の分離といわれる問題が起きた。経営学者のアドルフ・バーリーとガーディナー・ミーンズが「所有（資本）と経営の分離」を指摘したのは、1932年のことである。経営者は株主のために企業を運営するのではなく、巨大化した従業員の集団のために企業を運営する。経営者は、株主の代理人ではなくなり、株主からは独立した専門家になった。これは、J・K・ガルブレイスが「テクノクラート」と呼んだものだ。[3]

日本では、とりわけこの傾向が強く、経営者は従業員のトップという性格が強い。そのため、企業は自分たちのものと考えている。

日本における「ステークホルダー」という言葉の使い方に、それが明確に表れている。

東芝の室町正志社長（当時）は、不正経理問題に関する2015年9月の会見で、「株主などのステークホルダーの皆様方に心から謝罪する」と述べた。これを聞いて私は心の底から驚いた。

なぜなら、株主はステークホルダーではないからである。ステークホルダーとは利害関係者のことであって、顧客、取引先、従業員などがそれに当たる。株主は会社の所有者であり、経営者は彼らに選任されていまの地位にいる。それにもかかわらず、株主をステークホルダーとする発言を、誰も不思議と思わない。

あらためてそれまでの社長会見を調べたところ、「株主などのステークホルダー」との表現は、毎回用いられていた。つまり、これはたまたまの言い違いではなかったのである。

それも無理はない。実際、コーポレートガバナンスをめぐる日本の議論で、「株主は「ステークホルダーの一部」という表現はごく普通になされている。この表現は、コーポレートガバナンスに関する専門書においてさえ見られる。

しかし、この認識は誤りである。株主は会社の保有者である。いわば、会社そのものなのだ。「関係者」などではない。取締役は株主に選任され、株主のために働いているのだ。

もちろん、この議論が形式論、書生論であり、所有と経営が分離した現代の大企業において、実態と離れたフィクションになってしまっていることは認めざるを得ない。しかし、建て前や原則は重要である。

「株主がステークホルダー」との認識によると、会社とは、給与を支払うことによって従業員の生活を支えるための共同体だ。株式は、できるだけ関連企業に保有してもらい、残りを一般の投資家にも買ってもらう。そして、利益が上がればその一部を株主にも還元する。つまり、会社とは、従業員と取締役の所有物と考えられているのだ。東芝の不正会計事件は、東芝の経営者が、会社を自分たちのものと考えたことから生じている。

だから、「関係者に迷惑をかけた」という認識になる。自分たちを選任した株主の信頼を裏切り、その財産を毀損したという認識はない。新聞報道によれば、東芝の社長は、不正会計を謝罪するために首相官邸を訪れたそうだ。たぶん、「世間をお騒がせして申し訳ない」ということなのだろう。しかし、官邸はステークホルダーですらない。そんなことをする時間があるのなら、株主を一人ひとり訪れ、託された信頼に背いたことを謝罪すべきだ。

ＤＡＯにおいては、資本家はいるが、経営者はいない。だから、経営と所有の分離問題は、そもそも生じようがない。経営者が会社を自分のものと考えて不正行為をすることもない。

その意味で、ＤＡＯは、原始的な資本主義の時代における株式会社への先祖返り的な性格を持っている。

3　法制度が対応できるか

訴える相手がいない

ＰｗＣのレポート、「ブロックチェーンとスマートコントラクトオートメーション：スマートコントラクトがデジタルビジネスをどう自動化するのか？」は、エセリウムなどのさまざまな取り組みが進んだことによって、コンピューター処理が可能な契約を実現するテクノロジー自体はもはや障壁ではなくなったとし、現在、真の障壁として立ちはだかっているのは、古くからある人間中心の法的プロセスだという。[4] 実際、第8章で見たように、人手をほとんど介さない組織が、すでに稼働している。このような対象に、現在の法体系が対応できるのだろうか？

事業に管理者がいないことは、従来の法体系が想定していない事態だ。もし問題が起きた場合、誰を訴えればよいのか？

ビットコインのシステムで仮に問題が起きた場合（たとえば、ある人が保有しているビットコインがある日突然消失した場合）、訴えられるべきは、ビットコインのプロトコルを書いた人か？　それともマイニング作業を行なっているコンピューターなのか？　それとも、ビットコインを購入し取引している人か？　どれも適切でないように思われる。しかも、これらの人々は全世界に散らばっているので、捕らえようもない。

では、「このように責任主体がはっきりしない事業は禁止されるべきだ」と判断された場合、一体どのようにして禁止すればいいのか？

責任主体が存在しないので、インターネットの使用を全面的に禁止しないかぎり、事業の閉鎖は不可能だ。

自律運転の自動車についても、類似の問題が議論されている。自律運転車が事故を起こした場合、訴えるべき相手は誰か？　その自動車を設計した人か？　製造した人か？　それとも乗客か？——という問題だ。

これは確かに難しい問題だが、自律運転車の場合には、その自動車を所有している人がいるはずだ。そして、その人は、責任を免れまい。

問題は、自律運転車のレンタカーがＤＡＯで運営される場合である。ＩＣＯを行なって資金を調達し、自動車を購入して、運営するとしよう。この場合、事業主体は存在しない。では、事故に対して責任を持つべきは誰か？　これは非常に難しい問題だ。

シェアリングの場合には、供給者と消費者の区別ができなくなったという問題が指摘された。普通の人々（それまでは消費者とみなされていた人々）が供給者になったので、それまでの法体系との間で齟齬が起きたのだ。

そうではあっても事業主体は存在しているので、（必要であれば、これまでの法律体系を改正して）対応できないわけではない。実際、ウーバー（Uber）に関連して、日本では白タク禁止の制約を破ることができない。しかし、右に述べたように、自律運転車がＤＡＯで運営される場合にはどうなるのか？　この場合には、運転手はいないし、運営企業も存在しないのだ。

現在の法体系は、DAOの存在を想定していないので、以上で述べた問題に対処できないのである。従来の社会の基本的な仕組みは、事業は人間が運営するという大前提に立っている。しかし、DAOはその前提を覆してしまうのだ。

また、つぎのような問題もある。

第8章の最後で、The DAO のハッカー事件について述べた。このハッカーを犯罪者として処罰できるのだろうか? 流失したETHが失われて出資者に実害が発生した場合に、誰に対して、どのような責任を追及できるのか? The DAO の場合はハードフォークによって資金流出はないものとされた。したがって、実害は生じなかったのだが、ハードフォークでは対処できない事件が将来生じるかもしれない。

OpenBazaar は、また別の問題を提起する。ここでは、麻薬や銃など、違法な商品を入手できる。閉鎖すべきだと判断されても、どのようにして閉鎖すればよいのか? 商品を購入したり、サービスを利用したりした人たちだけが罰せられるのだろうか?

適法性の判断がなされていない

さらに、つぎのような問題がある。それは、社会を改革し、改善すると評価されるDAOであっても、現行法制上では必ずしも合法的なものとはみなされていないことである。

たとえば、現時点では、クラウドセールの合法性には結論が出ていない。トークンは有価証券だとみなされる可能性がある。すると、クラウドセールは未公開の株式を配っているのと同じとみなされ、違法と判断される可能性もある。したがって、もし投資をするのであれば、自己責任で行なう必要がある。

予測市場の場合も、その事業が完全に合法的かどうかは、疑義なしとしない。Augurのプロトコル自体は違法ではないと考えられているが、Augurに参加するのが合法と認定されたわけではない。最終的な判断がどうなるかは、まだ分からない。日本でも問題が生じる可能性がないとはいえない。

また、DAOは始まったばかりであり、投資の安全性は保障されていない。私自身も、ビットコインを含めた新しい金融資産にまったく投資していない。

本書は、個々のプロジェクトについて、スキームをさまざまな資料でチェックしたものの、実際にこのとおりであることを保障するものではない。新しい取引が未来を築いていくためには、克服されなければならない問題がまだ沢山ある。

しかし、日本もいずれは対応を迫られるだろう。実際、クラウドセールも予測市場も、日本から参加することは容易にできる。インターネットに国境はないからだ。こうした事態に、日本の当局はどのように対処するのだろうか？

また、税法上の位置づけはどうなるのだろうか？　DAOで行なわれている事業は、所得税や法人税などは払わなくてよいのか？　マイナーを従業員であると考えれば、彼らの社会保障負担はどうするのか？——等々の問題がある。

「私たちは、もうカンザスにいないみたいよ」

“I've a feeling we're not in Kansas anymore.”(私たちは、もうカンザスにいないみたいよ)。

これは、映画『オズの魔法使』で、主人公のドロシーが竜巻に飛ばされてマンチキンランドに到着したとき、愛犬のトートーに言った言葉だ。マンチキンランドは、ドロシーの故郷カンザスとはまったく違う奇妙な世界だ（ちなみに、「カンザス」は、アメリカでは「ど田舎」の代名詞的な意味合いを持っている)。

本書でこれまで述べてきたＤＡＯの世界を垣間見ると、われわれもドロシーと同じ言葉を発したくなる。

しかし、ＤＡＯとマンチキンランドには重要な違いがある。マンチキンランドでは、すべてがマンチキンランドのやり方で処理されている。その意味で一貫性と統一がある。ドロシーはよそ者なので戸惑っているだけだ。

ところが、ブロックチェーンがもたらすものは、それとは違う。現実世界の真っただ中で、これまでの法律の常識、これまでの事業のやり方、これまでの考え方が通用しない異質の世界が出現したのだ。たとえていえば、マンチキンランドが竜巻で飛ばされて、われわれの世界のどこかに落ちてきたようなものだ。したがって、ＤＡＯのプロジェクトと現実世界の間で、多くの齟齬が発生する。

いまのところ、落ちてきたマンチキンランドはまだ小さい。つまり、ブロックチェーン技術が応用されている分野は、まだ限られている。仮想通貨もＤＡＯも、現状では、経済全体の中でごくわずかな比重しか占めていない。だから、その齟齬は目立つものにはなっていない。

しかし、今後、その規模や比重は、急速に大きくなる可能性がある。どの程度の期間にどの程度の変革が生じるのか、正確な予測はできないのだが、いま大きな変化が始まっていることは間違いない。そして、変化のスピードは急だ。短期間のうちに社会は大きく変わってしまうかもしれない。

実際、つい2年前に『仮想通貨革命』を書いたとき、DAOが登場するのは10年ぐらい先のことだと思っていた。しかし、第8章で実例を示したように、DAOはすでに登場している。そして巨額の資金調達に成功するようなことが起きている。もはやDAOは、空想の世界の存在物ではない。

法制度の対応は急務である。

終章

われわれは、どのような社会を実現できるか

われわれは、ブロックチェーン技術の活用によってどのような世界を実現できるだろうか?

まず、金融の世界が効率化し、コストが低下するだろう。ただし、期待できるのは、それだけではない。社会の基本的な仕組みが変わるだろう。企業の形態が変わり、働き方が変わり、労働の成果が評価される仕組みが変わる。

われわれは、大組織が、大きいというだけの理由で支配力を行使する世界から抜け出せるだろう。それに代わって、人々が組織に頼らず、対等の立場で直接に情報を交換し、取引を行なう社会を実現できる。

1 ITはフラット化を実現できたか

なぜ組織や階層構造があるか

ノーベル経済学賞の受賞者であるロナルド・コースは、なぜ企業組織が必要なのか?という問題を考えた。[1] そして、直接取引せずに組織を作るのは、取引にコストがかかるからだとした。人間が協同するためには、コストがかかる。ところが、市場を通じるのではなく、取引を企業内で行なえば、こうしたコストを節減することができる。だから、企業という組織が必要になるというのだ。

原理的に考えると、各個人が独立し、市場を通じて他の個人との間で直接に取引を行なうことも可能である。ただし、そうするには、さまざまな費用が発生する。取引の相手方を探し、条件を交渉し、財やサービスの品質を確認することが必要だ。さらに、契約の履行を相手に強制したり、紛争を調整したりすることも必要だ。これらのために、コストが発生する。こうしたコストを「取引コスト」という。

ところで、取引を一つの企業の内部で(あるいは、系列企業などの固定的な取引相手との間で)行なえば、取引コストは節約できる。したがって、すべての取引が市場を通じて行なわれるわけでなく、ある種の取引は企業の内部で行なわれる。

経済の発展に伴って、企業は組織を大規模化し、機能を中央に集中させた。これによって、情報交換や交渉に高いコストをかけることなく、効率性を向上させることができる。

産業革命以降、製造業においては、設計、部品の製造、組立、販売にいたるさまざまな業務を一つの企業内に統合し、これによって生産プロセスを統一的にコントロールする動きが進んだ。これは、「垂直統合化」と呼ばれるものだ。垂直統合すれば、取引コストを引き下げられるだけでなく、原材料や部品を安定的に確保できるため、製品の品質を高く維持できるとされる。また、大規模化によって市場を独占または寡占することが可能になり、高い利益を上げられる。

垂直統合を進めた最初の例として挙げられるのが、製鉄会社のカーネギー社だ。製鉄工場のみならず、鉄鉱石の鉱山、炭鉱、そして鉄鉱石や石炭を輸送する鉄道にいたるすべてを、一つの企業の中に取り込んだ。

石油会社も垂直統合を進めた。油田の調査から始まり、掘削、採油、原油の輸送、精製などが、巨大企業の中で行なわれるようになった。さらに、ガソリンスタンドも石油会社の系列になった。

電話会社AT&Tも、高度に垂直統合を進めた企業だ。基礎研究所であるベル研究所、製造部門であるウェスタン・エレクトリック、そして、長距離電話事業と地域電話事業のすべてが、一つの企業の中で行なわれた。その従業員数は、一時100万人にも及んだ。

1920年代のアメリカでは、自動車会社の垂直統合が進んだ。部品の生産のみならず、タイヤや窓ガラスの生産も会社の中に取り込んだ。フォード社は、タイヤのゴムを生産するために、ゴム園を経営したことさえある。

ITでフラット化ができると期待した

ＩＴ（情報技術）が登場したとき、多くの人が、それまでの巨大化の方向は逆転し、世界はフラット化するだろうと予想した。なぜなら、情報処理コストが低下するため、コースが指摘した取引コストは低下するはずだからだ。ＩＴによって、大組織と零細組織や個人の差はなくなると期待された。

まずＰＣ（パソコン）が登場し、それまで大組織しか使うことができなかったコンピューターを、個人でも使うことが可能になった。計算力の点で、個人と大組織が同一の立場に立ったのだ。

さらにインターネットが登場した。それまで、データ回線を使えるのは大企業だけだったし、国際電話は著しく高価なものだった。ところが、インターネットという安価な通信手段が利用できるようになった。

ジャーナリストのトーマス・フリードマンは、『フラット化する世界』において、世界はＩＴによってフラット化したと述べた。[2] ＩＴの発展がインドや中国にグローバルな競争力を与える。それまでアメリカで行なわれていた仕事がインドで行なわれるようになり、インドとアメリカの所得格差が縮小するとした。知識やアイデアが共有されることによって、イノベーションが起きると指摘した。

コマンド・アンド・コントロールの時代は終わり、協調で仕事が進められる。組織の中で、下位の者が大きな仕事ができるとともに、上位のものが小さな仕事をできる。かくして、組織巨大化の方向は逆転するだろうとした。

ダニエル・ピンクは、『フリーエージェント社会の到来:「雇われない生き方」は何を変えるか』の中で、組織から独立して、インターネットを使って自宅で働き、自分の知恵だけを頼りにしてビジネスを築き上げる人々が増えるとした。[3]

多くのアメリカ人が、企業に雇用される形態を捨て、自宅に作ったベンチャービジネス、フリーランス、人材派遣会社からの派遣職員などの形態で仕事をするようになる。つまり、「巨大企業から小企業へ」というだけではなく、「組織から個人へ」の移行が始まるというのだ。

ピンクは、これを「産業革命で人々が農場を離れて工場で働くようになって以来の根本的な変化」であるとし、アメリカ社会は、「産業革命以前の社会に、つまり肉屋やパン屋や燭台職人の時代に戻りつつある」と表現した。

第5章の2で、「アダム・スミス的世界」について述べた。フリードマンもピンクも、アダム・スミス的世界が実現すると言ったのだ。

主役は交代したが、新しい勝者が市場を支配

確かに、ＩＴによって情報が仲介者を介せずに直接に伝達されるようになったため、情報に関するフラット化は進んだ。しかし、その結果、世界は本当にフラット化したのだろうか？

世界的な水平分業は確かに進んだ。しかし、アメリカとインドの間には依然として所得格差がある。ＧＭ（ゼネラルモーターズ）などの古い組織が衰退したことは事実だ。大型コンピューターからＰＣへの移行で、個人でもコンピューターを使えるようになった。しかし、その結果生じたのは、マイクロソフトという巨大企業がすべてを支配する世界だった。利用者もコンピューター・メーカーも、マイクロソフトが決めたことに従うしかない。

マイクロソフトが巨大化していくとき、小企業の特徴を残していたアップル・コンピューター（現アップル）に拍手を送る人が多かった。しかし、アップルは iPhone という機械を発明し、企業価値がアメリカ最大の企業になってしまった。

街の小さな書店が、巨大なウェブサイトであるアマゾンによって淘汰されるような事態が生じた。グーグル、アマゾン、フェイスブックといった企業の時価総額が巨大になった。

結局のところ、企業間の格差は消滅しなかった。確かに経済をリードする主役企業は変わった。しかし、世界をフラット化すると期待されたその主役が、成長し、大企業となり、市場を支配するようになったのだ。

IT革命の初期、"fast eats slow"（速いものが遅いものを呑み込む）といわれた。大組織は動きが遅いのに対して、小企業は変化に対する反応が速いから、大組織を呑み込んでしまうというわけだ。しかし、いまにしてみると、結局のところ、経済を支配するのは大組織だ。

これが、これまでのITがもたらしたものだ。実際に実現したのはGAFA（Google、Apple、Facebook、Amazon）の世界だ。主役は交代したが、依然、大組織だ。

零細企業は、ITの恩恵を受けられなかった。資金調達もできず、莫大な収入を得ることもできない。そして、依然として経理などのルーチンワークをこなさなければならない。

組織内の階層構造も変わらない

それだけではない。組織内の階層構造も健在だ。

フリーランサー的な仕事が増えたのは事実だ。クラウドソーシングによって専門家が自由に働ける機会も増えてはいる。しかし、全体から見れば、まだ限界的だ。企業によっては、副業を解禁しつつあるところもある。しかし、伝統的な大企業では依然として組織内階層があり、コマンド・アンド・コントロールが続いている。

そして、組織の中においても、所得格差が拡大している。特にアメリカでは、CEO（最高経営責任者）など企業トップの所得がきわめて高い。これは「第二の金ぴか時代」といわれるような状況だ。

クリスティ・アフリータンド『グローバル・スーパーリッチ』によれば、19世紀末から20世紀初めにかけて、それまで世界で最も平等な社会であったアメリカが、大きく変質し、ジョン・D・ロックフェラー、コーネリアス・ヴァンダービルト、アンドリュー・カーネギー、ヘンリー・フォードなどの大金持ちを輩出した。[4]この時代を、「第一次金ぴか時代」と呼ぶことができる（「金ぴか時代」［Gilded Age］とは、マーク・トウェインの小説の題名）。そして、いま「第二次金ぴか時代」と表現できるような時代になっているというのだ。

しかも、高額の所得を受けている金融機関などのトップが、それに見合う仕事をしていたのかといえば、大いに疑問だ。その証拠が2008年に起こったリーマンショックだ。問題の多くが、トップリーダーが金融機関のリスクを把握していなかったことによって引き起こされたのだ。

ITの利用が始まってからもう30年以上たつのだが、われわれはいまだ約束の地に到達していない。この意味で、われわれは、IT革命に裏切られたことになる。

2 フラットで、信頼を必要としない社会を実現できる

フラットにならなかったのは、なぜか

世界がフラットにならなかったのはなぜか？ なぜ大組織と小組織や個人の差が解消しないのか？ 組織の中の階層構造はなぜ消滅しないのか？

その理由として、つぎのようなことが考えられる。第1に、大組織は事業を大規模に展開できるので、コストを引き下げられる。また、店舗の場合、大企業であれば、資金力があるから豊富な品ぞろえができる。アマゾンは大量の在庫を抱えることができるので、零細書店よりも明らかに有利だ。

また、事業の規模が大きくなれば、ネットワーク効果が働く。これは、提供されている製品やサービスは同じであるにもかかわらず、利用するユーザーが増えると、製

品やサービスの価値が高まるという効果だ。電話では、明らかにこの効果が働く。この効果は、規模の拡大に伴って比例的に増加するのでなく、規模が一定の水準を超えると、急激に増加する。このため、「ひとり勝ち」(Winner takes all)といわれる現象が発生するのである。

さらに、最近では、人々の需要を誘導する「リコメンデーション」という操作が行なわれるようになって、大組織の優位性がさらに高まった。ビッグデータとＡＩの時代になると、こうした傾向が加速する可能性がある。ビッグデータを収集できるのは、アップル、グーグル、フェイスブックなど、世界でもごく一握りの企業だけになる。彼らは、それを駆使して、リコメンデーションを進歩させ、新しい需要を開拓して、さらに優位な立場に立つ。ＡＩとビックデータの時代には、超巨大組織が世界を支配する可能性が強い。

重要な要素が欠けていたから

右に指摘した要素は重要なものだ。しかし、われわれが約束の地に到達し得ない最も本質的な理由は、これまでのインターネットに何か重要なものが欠けていたことだ。

それこそが、序章の最初で述べたことである。つまり、インターネットの世界では経済的な価値を簡単に送ることができないのだ。だから、送金コストの点で、大規模事業が圧倒的に有利になる。そして、インターネットの世界では、真正性の証明ができない。このために、大組織だけが信頼を獲得できるのだ。

しかし、その欠けているものを、われわれはいまブロックチェーンの活用によって手にしようとしている。

エセリウムのようなプラットフォームが登場しているので、零細企業も個人も、スマートコントラクトをこの上に乗せて、資金調達や事業を展開することができる。今後、エセリウムをプラットフォームとして、さまざまな新しいアイデアが実現されていくだろう。これによって、社会のさまざまな主体が、第三者を介せず、直接に取引を行なうことが可能になるだろう。

ブロックチェーンによれば、情報と同じように経済的な価値も仲介者なしで送ることができる。その結果、需要者と供給者が直接に結び付くので、組織の大きさによる不公平は発生しない。

政府や大組織の決めたルールにただひたすら従うしかない世界、組織が、進歩ではなく存続だけを目的にする世界。そのような世界からの脱却が可能となった。

ＩＴ革命は、ブロックチェーンによって完成されることになる。

命令系統のないフラットな組織が可能

階層構造を持った大組織の多くは淘汰され、組織はフラット化するだろう。

第8章の2で述べたColonyのように、ブロックチェーンを用いたクラウドソーシングが広く使われるようになれば、人々はより柔軟に、高い自由度で働くことができるようになるだろう。

個人の独創性が否定され、協調性だけが望まれるような組織や、たまたま上司になった人の覚えが悪いために不幸な人生を送る羽目になるような組織しかない世界から脱却できる。才能がある人は、それに応じて可能性を追求できるだろう。そして、自分の都合に合わせた契約を選択できる自由度を獲得できるだろう。

もちろん、すべての組織でハイラーキー（階層）構造が消滅するわけではない。現在の企業が行なっていることのすべてをスマートコントラクトで代替できるわけではないからだ。しかし、かなりの仕事はルーチンワークである。その実行のために膨大な労力が費やされている。それらがブロックチェーンで代替される。これらは、たいへん重要で、大きな変化だ。

そして、零細企業でも信頼を確立できる。管理者がいなければ、管理者と平社員の賃金格差が生じることもない。完全にフラットになるかどうかは分からないが、格差は成果に対する寄与に応じて生ずることになるだろう。

大企業なら信頼できるか

すでに述べたように、これまでは、「大企業なら信頼できる」と多くの人が考えてきた。「大企業は逃げ隠れしようがないので、問題を起こせば企業全体に影響が及んでしまう。だから、大企業は悪いことをしないだろう」という考えだ。

それに対して、新しく登場した零細企業は、「どこの馬の骨か分からない」とみなされてきた。零細企業が新しい技術やサービスの開発に成功しても成長できるとは限らないのは、そのためだ。

本章の1で、インターネットの世界でフラット化が実現できなかったと述べた。そうなった大きな原因は、小企業や零細企業が信頼性を確立できなかったことだ。

しかし、大企業だからといって、信頼できるとは限らないことが、次第に分かってきた。最近の事例だけを見ても、旭化成建材の杭打ち工事データ偽装問題、三菱自動車の燃費不正問題、東芝の不正会計問題など、大企業による不祥事が続出している。

私企業だけではない。2016年には、東京都の築地市場の豊洲移転に関して、建物の地盤で土壌汚染対策の盛り土がなされていないという問題が明らかになった。大組織であるがゆえに情報の流れが悪く、どこで何が行なわれているか分からない。コーポレートガバナンスが成立していない。こうして、大企業神話は、音を立てて崩壊しつつある。

ブロックチェーンの世界では、組織を信頼する必要はない

ブロックチェーンの世界においては、人や組織を信頼する必要がない。改竄できないデータがブロックチェーンに埋め込まれているからだ。そして、数千台のコンピューターが働いてそれを維持している。これこそが信じるに値するものである。これが、序章や第1章で述べたブロックチェーンの重要な機能だ。

相手が大企業だから信頼できるのではない。ブロックチェーンの仕組みで真正性が保証されているから信頼できるのである。

第6章の3と第8章の2で、シンガポールの企業が金の裏付けがある資産を発行したことを述べた。これまでの社会の常識なら、「新しく登場したスタートアップなど信頼できない」ということになるだろう。しかし、金に裏付けられていることがプル

ーフ・オブ・アセット（proof of assets）の仕組みで保障されているので、企業を信頼できなくとも、資産は信頼できるのである。

こうして、trustless な社会（組織を信頼しなくても済む社会）を構築することが可能になった。

巨大企業が支配するプライベート・ブロックチェーンの世界もあり得る

しかし、新しい技術の潜在力を、われわれは実現できるとは限らない。潜在力の実現を押しとどめるのは、組織の硬直性、規制などだ。あるいは人々の考え方そのものである。

現在の法制度は、ブロックチェーン技術が作り出す社会に対応できるのだろうか？パラダイムシフトは、常に勝者と敗者を作り出す。敗者が出てくることは避けられない。それを恐れて変化を止めようとする動きが出てくることは、十分考えられる。

また、ブロックチェーンが広く使われるようになったとしても、現在の社会が抱えている問題のすべてを解決するわけではない。使い方を誤れば、約束の地はかえって遠ざかってしまうだろう。

第1章で述べたように、ブロックチェーンの重要な点は、管理者がいない点と公開性にある。ブロックチェーンは、本来の性格からいえば、自由な社会を実現する。ビットコインが現れたときも、自由主義の王国が現れると考えられた。

しかし、プライベート・ブロックチェーンが現れた。それは、管理者が存在する非公開の仕組みだ。したがって、本来のブロックチェーンとは、思想的にまったく逆のものだ。それは、大銀行をはじめとする大組織の効率性を高め、大組織の支配力を強めるための道具である。これらのいずれが用いられるかは、社会のあり方に大きな影響を与える。

銀行などの大企業が、プライベート・ブロックチェーンを導入して、コストの削減を図り、その結果、右に述べたのとは正反対の方向に社会が進む可能性もある。

その場合においても、コスト削減の利益の一部は、消費者に還元されるかもしれない。しかし、大部分は大企業がさらに発展するために用いられるだろう。こうして、大企業の支配は従来よりも強くなる。

通貨に関していえば、この方向の極限は、中央銀行が自らのプライベート・ブロックチェーンを作って仮想通貨を発行し、従来の銀行券をこれに変えることである。これによって、中央銀行は、通貨に関する完全な支配権を確立することになる。そこで実現するのは、ジョージ・オーウェルが描いた「ビッグ・ブラザーの世界」だ。

競争が分散化を進める

もちろん、このどちらかが純粋な形で実現するとは限らない。両者が共存することも十分に考えられる。

ただし、私は楽観的だ。なぜなら、オープンな仕組みのほうが、技術革新が進むと信じているからだ。分散的・分権的なもののほうが技術革新を進め、優位に立つ可能性が高い。

一般的にいえば、多くの人々が関与するほど、技術は強化される。つまり、競争によって進歩が起こるのだ。だから、管理者がいない公開のブロックチェーンほど、さまざまな人々が関与して、技術が進歩する可能性が高い。

第3章の2で、プライベート・ブロックチェーンは、「ファウストと悪魔の契約」だという言葉を紹介した。民主主義、公開性、社会のフラット化といったものを犠牲にして、コストの削減だけが追求されるというわけである。

しかし、ゲーテのファウストの物語では、最終的にメフィストーフェレスが負けてしまうことに注意が必要だ。

また、変化を押しとどめようとしても、インターネットの世界では、外国から新しいものが入ってくるのを止めることはできない。無理やりに止めたとしても、国際競争の中で立ち遅れるだけのことだ。

だから、仮に通貨において集中型システムが残ってしまうとしても、その他の面ではDAOが成長する可能性は高い。そのような社会が実現することを期待したい。

3　法廷や政治を個人の手に取り戻せるか

裁判を民営化する

われわれは、ビジネスの組織が変わるだけでなく、政治や行政、そして司法の制度が変わることをも望んでいる。

現在の制度が機能不全に陥っていると、しばしば指摘される。国の規模は大きくなりすぎて、民主主義の理念は形骸化している。一人ひとりの有権者の相対的ウエイトは小さすぎて、国の政策に何の影響を与えることもできない。裁判は現代社会のテンポに比べてあまりに遅く、現実の紛争に関する有効な解決手段にならない。

さまざまな制度が理念と食い違っている。しかし、抽象的な建て前論がいわれるだけで、現実は何も変わらない。必要なのは、具体的解決案だ。

ブロックチェーンの技術は、以上で述べたような（一見意外な）分野においても、重要な役割を果たしうるのである。

ここでは、ブロックチェーンを用いる2つの提案を紹介しよう。どちらもアイデアの段階だが、ブロックチェーンの利用はビジネスに限らないことを示すものとして興味深い。

大組織が自らをコントロールできない事件が相次いでいる。本章の2で述べた企業不祥事がその例だ。大組織が大きくなりすぎて、自らコントロールできなくなっている。巨大化しすぎた「恐竜」の問題だ。

これに対して社外取締役で対処しようという考えがあるが、うまく働かなかった。組織内部の事情は外部からは見えないことが多く、社外取締役では、そもそも問題の所在を把握できないからだ。大組織の問題は、内部通報者によってしか明らかにならない場合が多い。

しかし、内部告発は難しい。組織の中で犯人探しが行われ、内部告発したことが知られれば、解雇や配置転換など不利益な取り扱いを受けるおそれがある。

内部告発者の保護のために、「公益通報者保護法」が施行されている。しかし、「公益通報」の対象が限定的であること（刑法、食品衛生法など七つの法律に規定する犯罪行為などに限定されている）、保護の内容が明らかでないことなどの問題点が指摘されている。東芝も、2000年1月に内部通報制度「リスク相談ホットライン」を導入していたが、うまく機能しなかった。

また、内部告発が権力闘争のために悪用されたり、捏造されたりする場合もあるだろう。

巨大化した企業のコントロールのために必要なのは、裁判についても、新しい情報技術を利用することである。CrowdJury（クラウドジュエリー）は、そうした提案の一つだ。

これはクラウドソーシングの手法とブロックチェーンを結び付けたものだ[注]。不正行為などを発見した人は、それを CrowdJury に通告する。

その内容は公開され、さらにさまざまな証拠や証言が集められ、暗号化されてブロックチェーンに保管される。これによって、変更や破壊ができなくなる。これらの記録の正当性や妥当性を、公募された専門家が審査する。これは、クラウドソーシングの手法の応用だ。

最終的な判決は、公募される裁判官によってオンラインで行なわれる。彼らも公募される。ただし、どの案件を審査するかは、ランダムな方法によって決められる。このため裁判官に立候補して特定の案件に影響を与えようとしても、できない。また裁判官の数はできるだけ多くする。それによって買収を避けることができる。なお、最初の報告者、証拠や証言の提供者、事実の検証者、裁判官は、ビットコインで報酬を得る。すべての証拠や証言は、ブロックチェーンに記録される。裁判を民営化するというこのアイデアは、奇想天外な考えと思われるかもしれない。しかし、歴史を遡ると、同様の制度が見られるのである。

古代ギリシャには、kleroterion（クレロテリオン）という制度があった。これは市民の中から代表者を選び、その合議で決定を行なう政治方式だ。代表者の選定は、氏名を記した金属片を石のスリットに差し込むことによって行われた（この石はいまでも残っている）。

また、中世のイタリアには、Lex mercatoria（merchant law の意）という制度があった。これは、地中海で貿易を行なう商人の間で、商事上の紛争を審査するための私的な司法制度だ。商人たちによる法廷で運営された。

裁判は国や地方政府が行なうこともできたのだが、商事上の問題には迅速な判断が必要であった（場合によっては数時間のうちに決着する必要があった）。公的な裁判制度は、こうした要請に応えることができなかったのである。

このため、商人による裁判が行なわれていた。裁判官には、商事に通じた専門家が選ばれた。審理の期間は2、3日に限定され、書面主義は禁じられた。国はこの過程に口出しをしなかった。蓄積された判決は、法典に編纂されて、商人慣習法となっていった。この制度によって、地中海貿易の繁栄がもたらされた。現代のように、司法を国が独占するのは、決して必然のことではないのである。

CrowdJury は、恐竜のような巨大組織が自らをコントロールできなくなっている時代における kleroterion であり Lex mercatoria であると評価することができるだろう。

この提案のホワイトペーパーは、つぎのように言っている。ジェレミイ・ベンサム（1748年〜1832年）とジェイムズ・マディソン（1751年〜1836年。第4代アメリカ合衆国大統領。「合衆国憲法の父」とされる）は、アメリカ合衆国の制度について、3つのものが重要と考えた。すなわち、郵便制度、検閲のない新聞、そして法廷制度である。これらのうち、郵便と新聞は、情報革命によって大きく変わった。変わらないのは法廷制度だ。

（注）従来から企業は「アウトソーシング」を行なってきた。これは、外部の専門家に業務の一部を外注する方式である。インターネットの普及によって、社外の不特定多数の人々に外注することが始まっている。つまり、それまで企業内部の従業員が行なっていた仕事を、公募の形

で、不特定、かつ大規模な人々のネットワークにアウトソーシングするのである。応募は自発的に行なわれる。これを「クラウドソーシング」と呼ぶ。「オンライン分散型問題解決モデル」と呼ばれることもある。

予測市場を用いて政治的決定プロセスを改革する

第8章で述べた予測市場を利用して、政治的な決定プロセスを改革しようとするアイデアもある。これは、経済学者のロビン・ハンソンによって提唱された futarchy（フタルキー）と呼ばれるアイデアだ。[6,7]

一般に、政策の決定は、つぎの2つの要素に分けることができる。第1は、政策を評価する基準の選定だ。たとえば、分配を重視するのか効率を重視するのかということだ。そして第2は、ある政策をとった場合に基準がどうなるかという将来の予測である。

第1は主観的な価値判断の問題であり、第2は客観的で技術的な問題だ。現在の政治プロセスでは、この2つを区別していない。しかし、後者には、専門家の予測が入ったほうがよい。そこで、基準の選定と将来の予測を分離しようというのが、futarchy の考えだ。

イギリスのEU離脱問題を例として、この仕組みを説明しよう。現実には、「離脱するか否か?」という選択肢が国民投票にかけられた。それに対して、futarchy ではつぎのようにする。まず、EU離脱問題を評価する指標を投票で選ぶ。ここでは、「10年後のイギリスのGDP」が選ばれたものとしよう。

つぎに、2つの予測市場を開設する。第1の市場では、イギリスがEUを離脱した場合にイギリスのGDPがいくらになるかを予測する。第2の市場では、離脱しなかった場合にGDPがいくらになるかを予測する。そして、GDP予測値が高いほうの政策を選択するのである。

たとえば、EUを離脱した場合のGDPが2・5兆ポンドになり、EUに残留した場合のGDPが2・0兆ポンドになると予測されたとしよう。EUを離脱したほうが評価指標が高くなるのだから、「EU離脱」という政策が採択されることになる。

負けたほうのマーケット(この場合は、EU残留の場合のGDP予測)は、取り消しとなる。勝ったほうのマーケット(この場合は、EU離脱の場合のGDP予測)は決済される(予測マーケットはゼロサムなので、常に決済が可能だ)。

つぎの2つの点で、この方法は、従来の多数決より優れているとされる。

第1は、投票者の無関心(voter apathy)問題を解決できることだ。現代社会においては、国政選挙などの投票者数は非常に多くなる。そのため、一人ひとりの投票は全体の中のごく一部になってしまい、投票しても結果に大きな影響を与えることができないと考えて、投票しない人が増えてしまう。

それに対してfutarchyにおいては、予測が正しければ報酬を得ることができるし、間違っていれば損失を被るので、真剣に予測に参加する。また、多くの情報を持っている人は、多くの掛け金をして、予測に影響を与えることができる。こうして、専門家の知見を決定に反映させることができる。

futarchyに対しては、もちろん反論もある。その一つは、多額の資金を動かせる個人や組織が、自分の望むような方向に多額の資金を賭けて、予測の結果に影響を与えてしまうだろうというものだ。

しかし、これに対しては、さらに反論がある。もし「正しい」と多くの人が考えるのと反する予測をすれば、正しい予測をすることに大きな利益の機会が生じることになる。だから、結局のところ正しい予測が勝つことになるだろう、というものだ。

futarchyがうまく機能するのか否かについて、議論は決着していない。しかも、まだ想像上のものでしかない。しかし、きわめて興味のあるアイデアだ。日本でも、原子力発電所の廃炉問題などに関して用いることは十分に考えられる。

ブロックチェーンを用いる電子投票

いうまでもなく、選挙は民主主義制度を構成する重要な基本要素である。しかし、その実行にはきわめて多額の費用を必要とする。そうなる大きな理由は、投票用紙の配布、投票、開票、票の集計などの作業が、紙と人間の手によって行なわれているからだ。

情報技術がこれだけ進歩したのだから、投票をオンラインで電子的に行なうことが十分考えられる。しかし、これまでは、オンラインでの本人確認の困難さや、データ改竄などの問題があったので、投票の電子化はできなかった。しかし、ブロックチェーンが登場したことによって、この問題は原理的には解決可能なものとなった。

そこで、ブロックチェーンを利用したオンライン投票の提案が、いくつも出ている。それらは、基本的にはつぎのように運営される。

選挙管理委員会は、一人当たり1個のコインを有権者のワレットに送る。有権者は、それを投票したい候補者のワレットに送金する。最も多くのコインを得た候補者が当選する。

一連の過程は、仮想通貨の場合と同じように、ブロックチェーンに記録が書き込まれることによって進行する。したがって、記録が改竄されることはなく、迅速に、しかも安いコストで運営できる。

提案されているものの一つに、Follow My Vote というものがある。[8] それは、つぎのような機能を持つと説明されている。

投票者は、自分の票が確実に候補者に届いていることを確認できる。現在の仕組みでは、投票箱に入れたあとの票がどうなったかは確かめようがなく、選挙管理委員会を信用するほかはない。意図的な不正行為はおそらくないだろうが、票の数え違いといったミスはあるかもしれない。

国によっては、投票後にさまざまな不正行為がなされるのがむしろ普通ですらある。Follow My Vote のホームページは、かつてのソ連の独裁者ヨシフ・スターリンの言葉を引用している。彼はつぎのように言っているのだ。

「投票した有権者は、何も決めていない。票を集計する人がすべてを決めるのだ」。

ブロックチェーンを用いた投票では、こうしたことは起こり得ない。

Follow My Vote のシステムで興味があるのは、有権者が選挙の途中集計を見ることができ、そして最初の投票をやり直すことができるとされていることだ。提案者によれば、これは、アメリカの二大政党制度に揺さぶりをかける潜在力を持っている。

二大政党制の下では、第三勢力が育ちにくい。なぜなら、その候補に投票しても、死に票になってしまう危険が高いと人々は考えるからだ。だから、最善の選択でないと思いつつも、二大政党の候補者に投票する。

しかし、途中経過を見ることができれば、第三勢力の候補者に票が向く動きを作り出せるというのである。支持者が投票の早い段階でこの候補者に投票すれば、当選の可能性があると見た他の有権者がそれに続くからだ。Follow My Vote という名称は、そうした効果への期待を表しているのであろう。

同じ問題は、日本にもあると思う。本当に投票したい人はいるのだが、死に票になる可能性が高いので、当選の可能性が高い候補者のうち「より悪くない」人に入れる。選挙のたびにそうした投票をせざるを得ず、むなしさをかみしめている人は多いだろう。Follow My Vote の仕組みが導入されれば、この状態も改善されるかもしれない。

情報技術の進歩に追いつけないでいるのは、金融業だけではないのである。この章で論じた企業の仕組み、政治や司法の仕組みの改革は、ある意味ではそれ以上に重要だ。

補論A　仮想通貨と電子マネーの法律上の定義

資金決済法における仮想通貨

第2章の2で述べたように、2016年に「資金決済に関する法律」（資金決済法）がつぎのように改正された。

「第二条第四項の次に次の五項を加える。

5　この法律において「仮想通貨」とは、次に掲げるものをいう。

一　物品を購入し、若しくは借り受け、又は役務の提供を受ける場合に、これらの代価の弁済のために不特定の者に対して使用することができ、かつ、不特定の者を相手方として購入及び売却を行うことができる財産的価値（電子機器その他の物に電子的方法により記録されているものに限り、本邦通貨及び外国通貨並びに通貨建資産を除く。次号において同じ。）であって、電子情報処理組織を用いて移転することができるもの。

二　不特定の者を相手方として前号に掲げるものと相互に交換を行うことがで

きる財産的価値であって、電子情報処理組織を用いて移転することができるもの。

6　この法律において「通貨建資産」とは、本邦通貨若しくは外国通貨をもって表示され、又は本邦通貨若しくは外国通貨をもって債務の履行、払戻しその他これらに準ずるもの（以下この項において「債務の履行等」という。）が行われることとされている資産をいう。この場合において、通貨建資産をもって債務の履行等が行われることとされている資産は、通貨建資産とみなす。

（7以降は省略）

電子マネーや銀行発行の仮想通貨との違い

電子マネーは仮想通貨に含まれない。なぜなら、電子マネーは通貨建資産であり、前記5の一の規定で排除されるからだ（さらに、後で述べる「不特定多数」の基準でも、仮想通貨に含まれない）。

第3章で述べたように、銀行が独自の仮想通貨を発行することを計画している。これは、資金決済法でいう仮想通貨に該当するだろうか？

報道によれば、これは電子マネーであって、仮想通貨とはみなされないようだ。

その根拠は、つぎのことだと推測される。第1に、前記5の一の規定では、仮想通貨は、「不特定の者を相手方として購入及び売却を行うことができる財産的価値であって、電子情報処理組織を用いて移転することができるもの」とされている。ところが、銀行の仮想通貨は流通する範囲が限定されるので、仮想通貨ではない。

第2に、銀行の発行する仮想通貨が通貨建資産であるとすると、5の一の規定で排除される。

銀行の仮想通貨は、その詳細がまだ明らかでないので、こうした解釈が成り立つかどうか、現時点でははっきりしたことはいえない。しかし、つぎのことはいえる。

第1に、「不特定の者を相手にして、転々流通するか?」について。

スイカ（Suica）のような電子マネーは、1回使えば発行主体の元に戻されてしまい、転々流通することはない。それに対してビットコインは、転々流通する。銀行が発行する仮想通貨は、この点では、スイカ型でなく、ビットコイン型のものである。

問題は、「不特定多数」をどう解釈するかだ。厳密にいえば、ビットコインの場合も、誰にでも送金できるわけでなく、ビットコインのワレットを持っている人にしか送金できない。この点で、日銀券を誰にでも渡せるのとは違う。それにもかかわらず、ビットコインは仮想通貨であるとみなされている。

銀行が発行する仮想通貨は、その銀行のワレットを持っている人にしか送金できないこととすれば、確かに流通範囲は限定されることになる。しかし、それは、ビットコインの場合と同じだ。だから、ビットコインを仮想通貨であるとし、銀行発行仮想通貨を仮想通貨でないとする論理は成り立たない。

日銀券、電子マネー、仮想通貨の区別

以上で述べたことを図示すれば、図表A－1のようになる。図で網かけをした部分は、電子的な支払手段である。

図の直線①④は流通性の区別だ。①④の左は転々流通するが、右は流通しない。電子マネーの大部分は、一度利用すれば回収されてしまって、転々流通することはない。したがって、①④の右にある。

仮想通貨は、ビットコイン型のものも銀行が発行するものも、受け取った金額をさらに別の支払いに当てることができる。この点で、日銀券と同じような性格を持つ通貨である。したがって、①④の左にある。

問題は、「不特定」か否かだ。資金流通法は、この区別は③でなされると考えている。そして、①⑤より上（①③から③⑤の範囲）が「不特定多数を対象に流通可能」

図表A－1　日銀券、電子マネー、仮想通貨

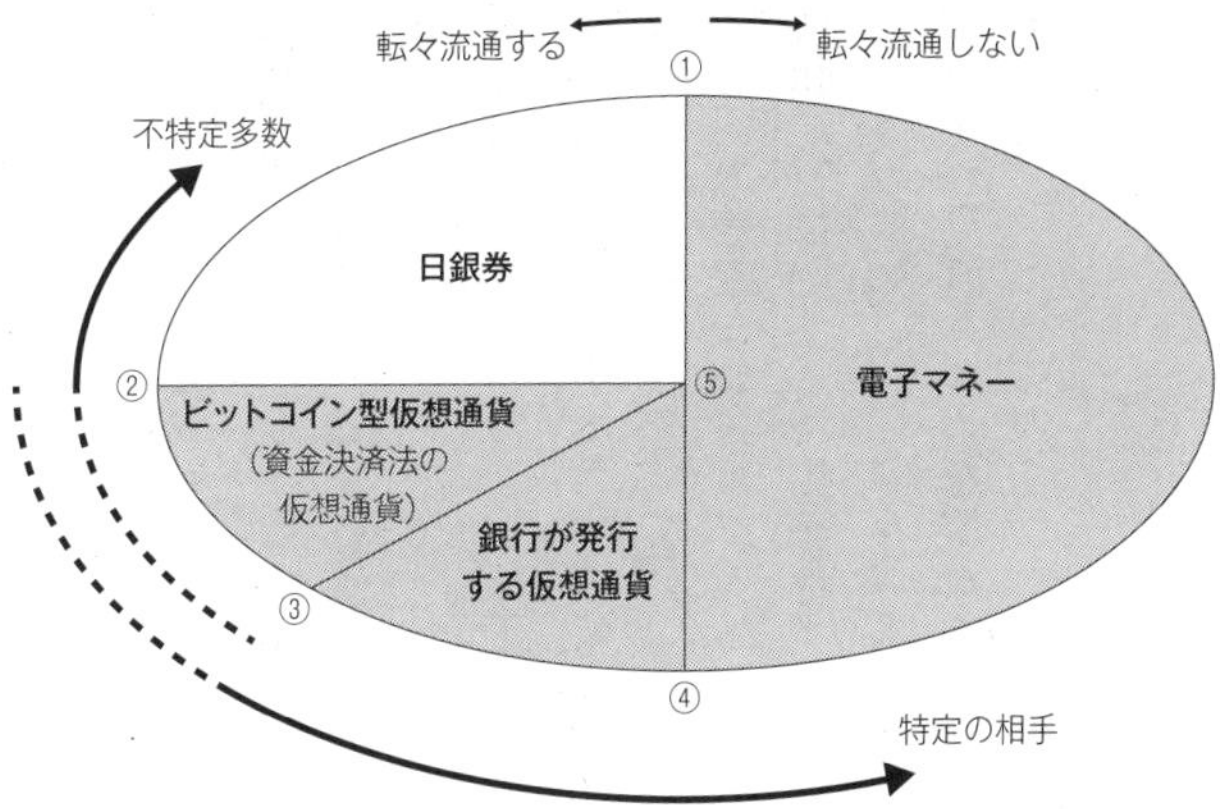

なものとする。これによってビットコイン型仮想通貨と銀行発行仮想通貨の区別がなされる。そして、銀行が発行する仮想通貨は、この意味における仮想通貨に該当しないから、資金決済法の対象外だというわけだ。

しかし、右に述べたように、不特定か否かの区別は、厳密には②で行なうべきと考えられる。その考えに従えば、ビットコイン型仮想通貨も仮想通貨に該当しないから、資金決済法の対象外になってしまう。

通貨建てによる区別は意味あるものか

第2に、通貨建資産か否かについて。

確かに、ビットコインの価値は、ドルまたは円に対して変動する。しかし、通常仮

想通貨とみなされているものの中にも、現実通貨に対する価値が固定されているものがある。

その例が、第8章の4で紹介したBitSharesのSmartCoinの一つであるBitUSD（価値が常に1ドルになる）などだ。

また、NuBitsという仮想通貨は、常に1NBT（NuBits）＝1ドルとなるように設計されている。

さらに、Circleでは、ビットコインを簡単にドルに転換することができる。

これらを「通貨建て」といえるかどうかは、議論の余地があるだろう。しかし、価値が通貨に対して固定されているので、形式的にはともかく、実質的には「通貨建て」と何の差もない。

仮想通貨に関する技術が進歩し、関連サービスが拡充されていくと、改正資金決済法のような区別は、ますます無意味なものになっていく。今回なされたような区別は、いずれ見直さざるを得なくなるだろう。

補論B　現在の決済システムの概要

商取引を行なうと、商品やサービスを引き渡すが、それと同時に、対価支払いの義務（債務）と受け取りの権利（債権）が発生する。それらの債権・債務のうち、金銭に関するものについて、実際に金銭の受け渡しを行なって、債権や債務を解消することを「決済」という。以下では、現在の日本の決済システムを、国内資金決済、海外との決済、証券取引の決済について見ることとする。[1,2,3]

1　国内の資金決済（内国為替）

以下1、2の説明は、全国銀行協会（全銀協）「決済システム等の企画・運営」などによる。

国内の資金決済は、図表B－1に示されている。資金は各銀行から独自回線で「全銀ネット」（全国銀行資金決済ネットワーク）に送られる。1億円以上の大口は「日銀ネット」へ送られるが、1億円未満の小口は受取銀行へ即時に転送される（「日銀

図表B－1　国内決済の仕組み

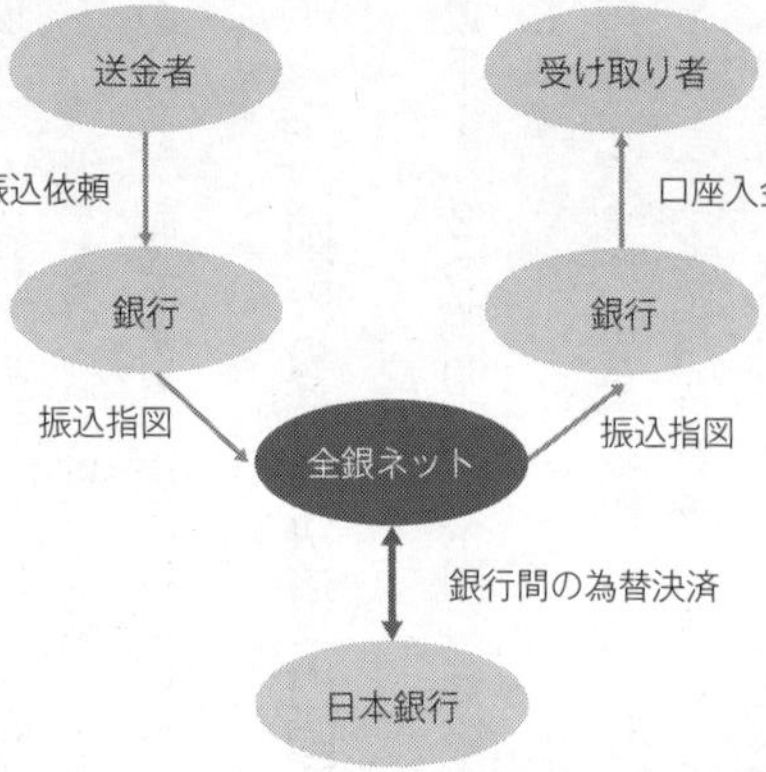

資料：全国銀行協会、「全国銀行データ通信システム」をもとに作成

ネット」は、日本銀行が運営する当座預金決済）。

これら各段階の元帳を経由するため、送金には2日から3日間かかる。貸し付けの場合には、決済まで1ヵ月近くかかる。

2　海外との決済（外国為替）

海外との決済は、図表B－2に示されている。

従来の海外送金では、その国の代表的な銀行が中継役（コルレス銀行）となり、いくつかの銀行による仲介を経て行なわれるケースが多かった。さらに、中央銀行が介在する。このため、手数料が高く、送金に数日かかっていた。

現在では、ＳＷＩＦＴ（国際銀行間通信協会）と呼ばれるネットワークが用いられ

図表B－2　外為円決済取引の流れと外国為替円決済制度

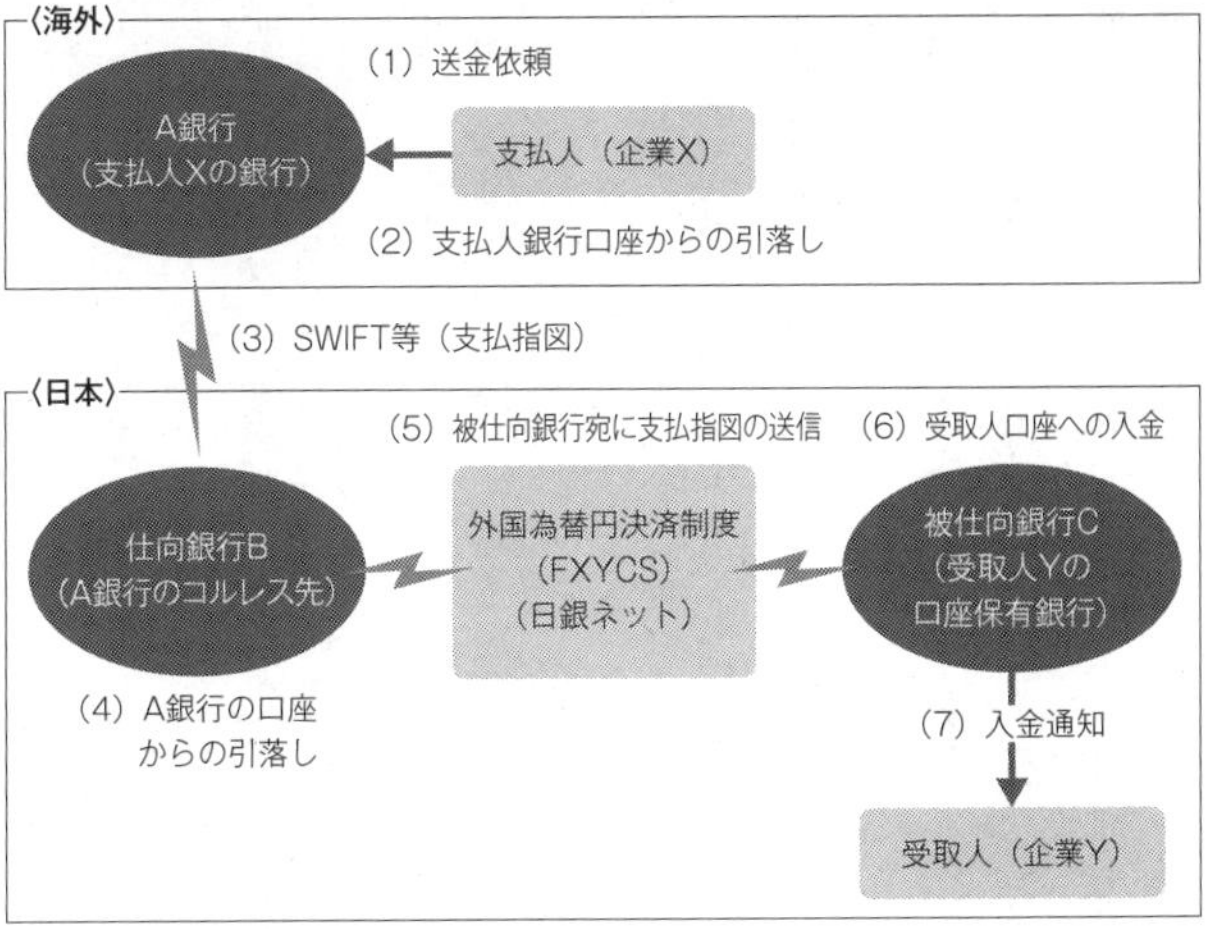

資料：全国銀行協会、「外国為替円決済制度」

る。これは、約3000の金融機関を株主とする協同組合形式の団体で、世界の約1万1000の銀行や証券会社、市場インフラ、事業法人などに利用されている。1日約1500万件の送金を扱う。通信文は暗号化されている。

従来はテレックスや電報によって通信が行なわれていたが、SWIFTによって通信速度が飛躍的に短縮された。ただし、送金には数日を要する（なお、SWIFTは、現在、ブロックチェーンの開発を行なっている）。

3　証券取引（株式取引など）の決済

証券の取引は、図表B－3に示されている。以下の説明は、日本取引所グループ「投資を知る・学ぶ」などによる。

市場において売買が成立してから決済が行なわれるまでの流れは、「売買」「清算」「決済」の3段階に区分することができる。

(1)　売買

株を売買する投資家は、東京証券取引所（以下「東証」）等に直接注文を出すのではなく、証券会社を通じて注文を出す。注文を受けた証券会社は、その注文を直ちに東証に送る。

東証では、発注された売買注文を、銘柄ごとに注文の控え（板）に集め、一定のルールに基づいて売買を成立させる。売買が成立すると、その内容は注文を出した証券会社に即座に報告され、さらに証券会社から投資家に報告される。

(2)　清算（クリアリング）

図表B－3　株式の売買、清算、決済

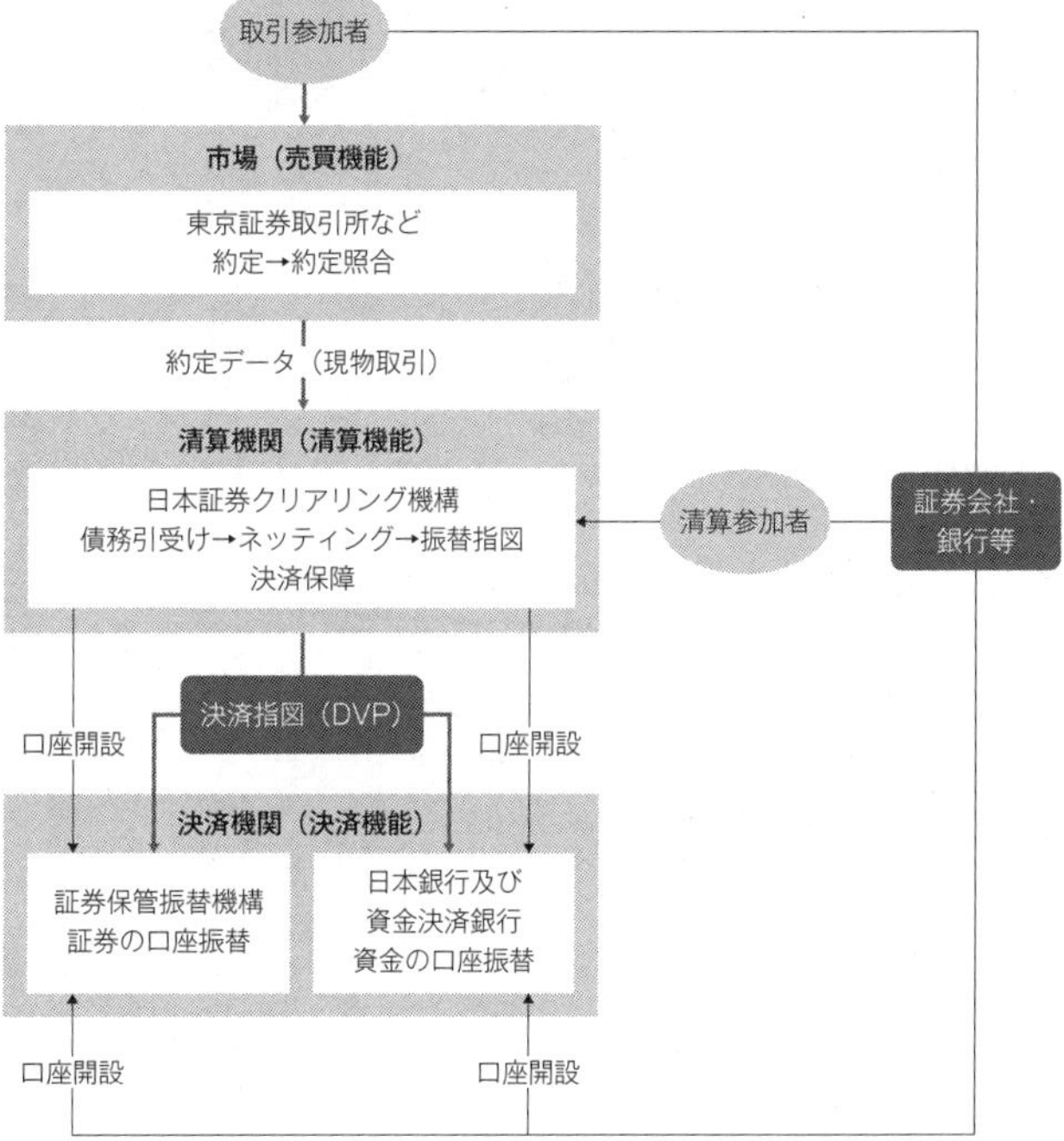

資料：日本取引所グループ「売買・清算・決済の機能分担」をもとに作成

複雑なのは、清算と決済の仕組みだ。

売買が成立した場合、株を買った人は代金を支払って株式を受け取り、株を売った人は株式を引き渡して代金を受け取る。

売買の契約と決済は同時には行なわれない。東証で行なわれた売買の決済は、通常、売買日の3営業日後に行なわれる（たとえば月曜日に行なわれた売買の決済は、その週の木曜日に行なわれる）。

東証での売買は、株式だけでも1日に数百万件に達する。このような大量の取引を1件ごとに当事者間で決済していては収拾がつかなくなるので、「ネッティング」という方式が取り入れられる。

ある決済日での証券会社のある銘柄の取引につき、売り買いの株数を相殺した差し引きの株数を計算する。受渡しは売買の相手と行なうのではなく、「日本証券クリアリング機構（JSCC）」と呼ばれる清算機関との間で行なう。

(3) 決済（セトルメント）

ある決済日の証券会社の取引につき、すべての売り代金と買い代金を相殺して差し引き金額を算出し、その代金の授受をJSCCとの間で行なう。

証券会社は「証券保管振替機構」（ほふり）に口座を設けており、決済のたびに

ＪＳＣＣからの指図に基づいて、ＪＳＣＣの口座と証券会社等の口座間で株式の振替を行なう。

証券の取引においては、「ＤＶＰ」(Delivery Versus Payment) という方法が用いられている。これは、証券の引き渡し (Delivery) と代金の支払い (Payment) について、一方が行なわれないかぎり他方も行なわれないようにするという仕組みだ。これは、資金 (または証券) を渡したにもかかわらず、取引相手からその対価となる証券 (または資金) を受け取れないというカウンターパーティー・リスクを最小化するための仕組みだ。

清算機関の利用により、カウンターパーティー・リスクの最小化が図られているとされる。

文庫版あとがき

本書は、『ブロックチェーン革命』(2017年、日本経済新聞出版社)を文庫化したものである。

基本的な内容は、単行本の内容と変わらないが、その後の事態の推移を考慮し、仮想通貨、証券業務、保険業務への応用などに関わる記述を一部割愛し、その後の重要な動きについて更新を行なった。

第2章については、全面的に内容を入れ替えた。また、第3章「ブロックチェーンの応用(2)銀行も導入」には、リブラや中央銀行デジタル通貨などの最近の動向を新しく加えた。さらに、旧第4章「ブロックチェーンの応用(3)証券業に革命的変化」は削除した。

ブロックチェーンは、新しい時代の情報保存手段である。

その特徴は、改竄できないデジタル情報の保存を可能にすることだ。

これによって、組織や取引相手を信用しなくても、情報の真正性が確保される。これは極めて重要な技術革新だ。経済的な取引をインターネットを通じて行なうための基盤がブロックチェーンなのである。

最初に利用がなされたのはマネー（仮想通貨）である。その後、金融の様々な部門や、それ以外の分野にも応用が広がっている。

これらのうちで注目すべきは、本書の第6章で紹介している物流への応用だ。これによって、サプライチェーンの効率化が確保され、物流が大きく変わることが期待されている。

もう一つの重要なトピックは、第3章で解説している中央銀行の仮想通貨だ。2019年6月にアメリカのSNS企業フェイスブックがリブラという画期的な仮想通貨の構想を打ち上げ、それに刺激されて、中国の人民銀行が中央銀行デジタル通貨を導入すると報道された。

この動きは2020年の新型コロナウイルス感染拡大によって一時的に中断されたが、いずれマネーの世界を大きく変えていくことになるだろう。

コロナの時代においても、ブロックチェーンの重要性は増す。コロナの時代において、在宅勤務などインターネットを通じて仕事を進めていくことが奨励され、その重要性が高まった。

しかし、日本の企業では、いまだに紙とハンコを中心とする業務運営がなされており、このためにわざわざ会社に行かなければならないといった問題がある。
こうした問題は、第6章で説明しているとおり、本来は、情報管理をブロックチェーンで行うことによって解決できるはずのものだ。
このような変化が、コロナ後の時代においても進んでいくことを期待したい。

本書の刊行にあたっては、原著である『ブロックチェーン革命』の刊行でお世話いただいた日経BP日本経済新聞出版本部の田口恒雄氏に再びお世話になった。御礼申し上げたい。

2020年7月

野口悠紀雄

社、2002年。
4 クリスティ・アフリータンド（中島由華訳）『グローバル・スーパーリッチ』早川書房、2013年。
5 crowdjury,Whitepaper
https://medium.com/the-crowdjury/the-crowdjury-a-crowdsourced-court-system-for-the-collaboration-era-66da002750d8#.aeycvekw4
6 Robin Hanson, “Futarchy: Vote Values, But Bet Beliefs.”
http://mason.gmu.edu/~rhanson/futarchy.html
7 Vitalik Buterin, “An Introduction to Futarchy,” Ethereum Blog, August 21, 2014.
https://blog.ethereum.org/2014/08/21/introduction-futarchy/
8 Follow My Vote
https://followmyvote.com/

補論B 現在の決済システムの概要

1 全銀ネット
http://www.zengin-net.jp/
2 全銀協「決済システム等の企画・運営」
http://www.zenginkyo.or.jp/abstract/efforts/system/gaitame/
http://www.zenginkyo.or.jp/abstract/efforts/system/zengin-system/
3 日本取引所グループ「投資を知る・学ぶ」
http://www.jpx.co.jp/learning/basics/equities/06.html
http://www.jpx.co.jp/clearing-settlement/outline/index.html

https://download.slock.it/public/DAO/WhitePaper.pdf
25 The DAO
Christoph Jentzsch, "The History of the DAO and Lessons Learned," Aug 24.
https://blog.slock.it/the-history-of-the-dao-and-lessons-learned-d06740f8cfa5#.skxhu9rpe

第９章　分散型自律組織はいかなる未来を作るか

1 Vitalik Buterin, "DAOs, DACs, DAs and More: An Incomplete Terminology Guide," May 6th, 2014.
http://bitcoinist.net/secure-dao-for-online-marketplace-launces-massive-crowdsale/
2 野口悠紀雄『1500万人の働き手が消える2040年問題：労働力減少と財政破綻で日本は崩壊する』ダイヤモンド社、2015年。
3 J.K.ガルブレイス（都留重人・石川通達・鈴木哲太郎・宮崎勇訳）『新しい産業国家』河出書房新社、1968年。
4 PwC「ブロックチェーンとスマートコントラクトオートメーション：スマートコントラクトがデジタルビジネスをどう自動化するのか？」2016年。
http://www.pwc.com/jp/ja/japan-knowledge/archive/assets/pdf/5th-smartcontract-digital-business.pdf

終　章　われわれは、どのような社会を実現できるか

1 Ronald H. Coase, The Nature of the Firm," Economica 386, 1937.
2 トーマス・フリードマン（伏見威蕃訳）『フラット化する世界』日本経済新聞社、2006年。
3 ダニエル・ピンク（池村千秋訳）『フリーエージェント社会の到来：「雇われない生き方」は何を変えるか』ダイヤモンド

15 Decentralized Prediction Markets | Augur Project
https://www.augur.net/

16 “The power of prediction markets”
http://www.nature.com/news/the-power-of-prediction-markets-1.20820

17 Prediction Markets (? Journal of Economic Perspectives)
http://www.consensuspoint.com/wp-content/themes/radius/whitepapers/Economic_Perspectives.pdf

18 “Designing Markets for Prediction”
https://www.aaai.org/ojs/index.php/aimagazine/article/viewFile/2313/2179

19 Gnosis
https://www.gnosis.pm/

20 BitShares
[Whitepaper] “BitShares 2.0: Financial Smart Contract Platform”
docs.bitshares.eu/_downloads/bitshares-financial-platform.pdf

21 Openledger
“White Paper : The Decentralized Conglomerate”
https://www.ccedk.com/dc/white-paper

22 “Fintech 2015: Top 100 Influencers and Brands”
http://www.onalytica.com/blog/posts/fintech-2015-top-100-influencers-and-brands/

23 『ニューズウィーク』(日本版、2016年7月4日)
「仮想通貨の投資ファンド『The DAO』が市場ルールを変える」
http://www.newsweekjapan.jp/stories/world/2016/07/the-dao.php

24 DAO whitepaper - Slock.it

4 Slock.it
https://slock.it/
5 La'Zooz
http://lazooz.net/
6 "App lets you share rides, make money, change the world."
http://www.timesofisrael.com/app-lets-you-share-rides-make-money-change-the-world/
7 "This Israeli Ride-Sharing App Is the Utopian, Hippie Uber."
https://www.bloomberg.com/news/articles/2015-09-16/this-israeli-ride-sharing-app-is-the-utopian-hippie-uber
8 Colony
https://colony.io/
9 DigixDAO | Digix Global
https://www.dgx.io/dgd/
10 digix
http://bit-economy.news/digix/
11 OpenBazaar
https://openbazaar.org/
12 Factom
http://www.factom.jp/
https://www.factom.com/
13 Storj
https://storj.io/
14 PwC「ブロックチェーンとスマートコントラクトオートメーション：スマートコントラクトがデジタルビジネスをどう自動化するのか？」2016年。
http://www.pwc.com/jp/ja/japan-knowledge/archive/assets/pdf/5th-smartcontract-digital-business.pdf

第７章　ブロックチェーンの応用⑷　IoT

1　IBM Whitepaper,“ Device democracy : Saving the future of the Internet of Things,” January 07, 2015.
http://www-01.ibm.com/common/ssi/cgi-bin/ssialias?infotype=PM&subtype=XB&htmlfid=GBE03620USEN#loaded)。

2　上記に関する解説
http://www-06.ibm.com/jp/press/2015/03/3102.html、http://www.coindesk.com/ibm-reveals-proof-concept-blockchain-powered-internet-things/

3　Adept
http://ja.scribd.com/doc/252917347/IBM-ADEPT-Practictioner-Perspective-Pre-Publication-Draft-7-Jan-2015

4　経済産業省「ブロックチェーン〔分散型台帳〕、シェアリングエコノミーを活用した新たな産業社会に向けて」。
http://www.meti.go.jp/committee/sankoushin/shojo/johokeizai/bunsan_senryaku_wg/pdf/004_02_00.pdf

5　TransActive Grid
http://transactivegrid.net/

第８章　分散型自律組織や分散市場がすでに誕生

1　Ethereum, “White Paper”
https://github.com/ethereum/wiki/wiki/White-Paper

2　STATE OF THE? APPS
http://dapps.ethercasts.com/

3　PwC「ブロックチェーンとスマートコントラクトオートメーション：スマートコントラクトがデジタルビジネスをどう自動化するのか？」2016年。
http://www.pwc.com/jp/ja/japan-knowledge/archive/assets/pdf/5th-smartcontract-digital-business.pdf

become-an-e-resident-of-estonia/
5 "Sweden tests blockchain technology for land registry." http://www.reuters.com/article/us-sweden-blockchain-idUSKCN0Z22KV
6 Proof of Existence
https://en.wikipedia.org/wiki/Proof_of_Existence
7 Factom
http://factom.org/
http://www.factom.jp/
8 EverLedger
http://www.everledger.io/
9 オートバックスセブン
http://www.autobacs.co.jp/images/data/news/2016/08/09/14leeH.pdf
10 DigixGlobal
https://www.dgx.io/
11 "Blockchain in healthcare getting a lot of attention." http://searchhealthit.techtarget.com/news/450303012/Blockchain-in-healthcare-getting-a-lot-of-attention
12 http://www.sony.co.jp/SonyInfo/News/Press/201602/16-0222/
13 Learning is Earning 2026.
https://www.youtube.com/watch?v=DcP78cLPGtE&feature=youtu.be
14 "Recruit Technologies Applies Blockchain Technology to the HR Industry Through Strategic Alliance with ascribe." https://www.ascribe.io/annoucements/recruit-technologies-applies-blockchain-technology-to-the-hr-industry-through-strategic-alliance-with-ascribe/

services," The Financial Times, September 30, 2015.（"McKinsey Global Banking Annual Review 2015" についてのフィナンシャルタイムズ紙の解説）
http://www.ft.com/cms/s/0/a5cafe92-66bf-11e5-97d0-1456a776a4f5.htm

3　PwC「曖昧になる境界：フィンテックは金融サービスをどのように形成するか」（"Blurred lines: How FinTech is shaping Financial Services."）
http://www.pwc.com/jp/ja/japan-knowledge/archive/assets/pdf/fintech-finance1607.pdf

4　前掲『仮想通貨革命』第5章の3。

5　「通貨改革―アイスランドのためのより優れた通貨制度」
http://frostis.is/wp-content/uploads/Monetary-Reform-Japanese-Translation.pdf

6　"How low can you go?" - speech by Andrew Haldane, 18 September 2015.
http://www.bankofengland.co.uk/publications/Pages/speeches/2015/840.aspx

第６章　ブロックチェーンの応用(3)　事実の証明

1　Akerlof, G（1970）, "The market for lemons: quality uncertainty and the market mechanism", Quarterly Journal of Economics 84（3）: 488-500.

2　Estonian e-Residency
https://e-cstonia.com/e-residents/about/

3　"How to stay in - manage an EU company from the UK."
http://www.howtostayin.eu/

4　"One way to get around Brexit: Become an e-resident of Estonia."
http://qz.com/736004/one-way-to-get-around-brexit-

第４章　在来技術型のフィンテックとその限界

1　アクセンチュア『フィンテック 金融維新へ』日本経済新聞出版社、2016年6月。
2　Wall Street Journal, “The Billion Dollar Startup Club.” http://graphics.wsj.com/billion-dollar-club/
3　アクセンチュア「フィンテックと銀行の将来像」2015年。 https://www.accenture.com/jp-ja/~/media/Accenture/jp-ja/Documents/DotCom/Accenture-future-fintech-banking-jp2
4　アクセンチュアが世界のフィンテック・ベンチャーなどへの投資額を集計したレポート概要
https://www.accenture.com/jp-ja/insight-fintech-evolving-landscape
レポート本文
https://www.accenture.com/t20160627T031500__w__/jp-ja/_acnmedia/Accenture/jp-ja/Documents/DotCom/Accenture-Fintech-Evolving-Landscape-jp-ver3.pdf
5　アクセンチュア「フィンテック、発展する市場環境：日本市場への示唆」2016年
https://www.accenture.com/jp-ja/~/media/Accenture/jp-ja/Documents/DotCom/Accenture-Fintech-Evolving-Landscape-jp.pdf
6　“2015 Fintech 100”
http://www.fintechinnovators.com/
7　“2016 Fintech 100”
https://h2.vc/reports/fintechinnovators/2016

第５章　ブロックチェーンは通貨と金融をどう変えるか

1　ライトニングネットワーク（Lightning Network）
https://lightning.network/
2　“McKinsey warns banks face wipeout in some financial

than-Ripple
15 イングランド銀行の報告
"The economics of digital currencies, Quarterly Bulletin," September 2014.
http://www.bankofengland.co.uk/publications/Documents/quarterlybulletin/2014/qb14q302.pdf
16 イングランド銀行の報告
"One Bank Research Agenda," Feb. 2015.
http://www.bankofengland.co.uk/research/Documents/onebank/discussion.pdf
17 イングランド銀行による仮想通貨関連レポートのリスト
http://www.bankofengland.co.uk/banknotes/Pages/digitalcurrencies/default.aspx
18 "The macroeconomics of central bank issued digital currency," July 2016.
http://www.bankofengland.co.uk/research/Documents/workingpapers/2016/swp605.pdf
19 オランダ銀行の年次報告書について
http://www.coindesk.com/dutch-central-bank-to-create-dnbcoin-prototype/
20 韓国銀行の独自の仮想通貨の発行計画
http://www.coindesk.com/report-south-korea-central-bank/
21 「デジタル通貨」の特徴と国際的な議論
https://www.boj.or.jp/research/wps_rev/rev_2015/data/rev15j13.pdf
22 中央銀行発行デジタル通貨について―海外における議論と実証実験
http://www.boj.or.jp/research/wps_rev/rev_2016/data/rev16j19.pdf

html

8　「テックビューロのブロックチェーンプラットフォーム『mijin』が銀行における第三者実証実験により勘定システムへの適用性を証明」。
http://mijin.io/ja/602.html

9　「住信SBI、ブロックチェーンの実験成功」（日本経済新聞報道、2016/4/18）。
http://www.nikkei.com/article/DGKKZO99766840Y6A410C1NN7000/
「ビットコインニュース」（2016年4月16日）
http://btcnews.jp/sumisin-sbi-netbk-succeed-blockchain-poc-for-banking/
http://www.fin-bt.co.jp/comment645.htm

10　「送金『24時間・割安』競う　横浜銀や住信SBIなど連合体」
http://www.nikkei.com/article/DGXLASGC18H0M_Y6A810C1EA2000/

11　「三菱東京UFJ、独自の仮想通貨発行へ　一般向けに来秋」
http://digital.asahi.com/articles/ASJ69566CJ69UHBI00V.html

12　PwC「ブロックチェーンとスマートコントラクトオートメーション：プライベートブロックチェーンか、パブリックブロックチェーンか、それともその両方か？」
http://www.pwc.com/jp/ja/japan-knowledge/archive/assets/pdf/4th-private-blockchain-public-blockchain.pdf

13　UsageFAQ - Hyperledger Fabric, “What are the expected performance figures for the fabric?”
https://hyperledger-fabric.readthedocs.io/en/latest/FAQ/usage_FAQ/

14　“How is Hyperledger different than Ripple?”
https://www.quora.com/How-is-Hyperledger-different-

https://www.imf.org/external/pubs/ft/sdn/2016/sdn1603.pdf

7 「仮想通貨に対する改正資金決済法等の動向と課題」
http://fis.nri.co.jp/ja-JP/publication/kinyu_itf/backnumber/2016/07/201607_6.html

8 "UK national risk assessment of money laundering and terrorist financing," October 2015.
https://www.gov.uk/government/uploads/system/uploads/attachment_data/file/468210/UK_NRA_October_2015_final_web.pdf

第3章 ブロックチェーンの応用(2) 銀行も導入

1 前掲『仮想通貨革命』第1章。

2 野口悠紀雄『「超」情報革命が日本経済再生の切り札になる』ダイヤモンド社、2015年（第3章）。

3 ドイツ銀行の取り組みについての「ウォール・ストリート・ジャーナル・オンライン」の報道。
http://blogs.wsj.com/digits/2015/07/31/deutsche-bank-exploring-blockchain-uses/

4 R3コンソーシアム
http://r3cev.com/

5 アイルランド銀行の取り組み
http://www.coindesk.com/bank-of-ireland-conducts-trade-reporting-trial-using-blockchain-tech/

6 アジアの銀行の取り組み
http://www.coindesk.com/7-asian-banks-investigating bitcoin-and-blockchain-tech/

7 朝日新聞（2016年2月1日）。
http://www.asahi.com/articles/ASJ1W4RWKJ1WULFA012.

14　経済産業省「ブロックチェーン技術を利用したサービスに関する国内外動向調査」報告書概要資料、2016年4月。
http://www.meti.go.jp/press/2016/04/20160428003/20160428003-1.pdf

15　野村総合研究所「ブロックチェーン技術を利用したサービスに関する国内外動向調査」2016年4月。
http://www.meti.go.jp/press/2016/04/20160428003/20160428003-2.pdf

16　PwC, "Blurred lines: How FinTech is shaping Financial Services," March 2016.
http://www.pwc.com/jp/ja/japan-press-room/2016/assets/pdf/fintech-survey160315.pdf

第２章　ブロックチェーンの応用(1)　仮想通貨

1　Bitcoin Wiki
https://en.bitcoin.it/wiki/Main_Page

2　前掲『ビットコインとブロックチェーン』。

3　"Goldman Sachs Report Says Bitcoin Could Shape 'Future of Finance'"
http://www.coindesk.com/goldman-sachs-report-says-bitcoin-could-shape-future-of-finance/

4　"The economics of digital currencies," Bank of England, *Quarterly Blletin*, 2014 Q3,Sept.2014.
http://www.bankofengland.co.uk/publications/Documents/quarterlybulletin/2014/qb14q3digitalcurrenciesbitcoin2.pdf

5　BIS, "Digital currencies," Nov. 2015.
http://www.bis.org/cpmi/publ/d137.htm

6　IMF, "Virtual Currencies and Beyond: Initial Considerations," Jan. 2016.

論』リックテレコム、2016年。

7 “The Size of the Bitcoin Blockchain Data Files Has Reached 60GB.”
http://cryptomining-blog.com/6397-the-size-of-the-bitcoin-blockchain-data-files-has-reached-60gb/

8 “New Service Finds Optimum Bitcoin Transaction Fee.”
www.coindesk.com/new-service-finds-optimum-bitcoin-transaction-fee/

9 Blockchain
https://blockchain.info/stats

10 Santander Innoventures, “The Fintech 2.0 Paper: rebootingfinancial services,”p14.
http://santanderinnoventures.com/wp-content/uploads/2015/06/The-Fintech-2-0-Paper.pdf

11 Goldman Sachs, “Putting Theory into Practice,” May 24, 20.
https://ja.scribd.com/doc/313839001/Profiles-in-Innovation-May-24-2016-1?referrer=clickid%3dwvu3mK2N9X1Ew4mxNdWhfzRQUkSXB6xyX10wT80&campaign=4417&partner=10079&ad_group=Online+Tracking+Link&source=impactradius&irgwc=1

12 WEF, “The future of financial infrastructure, An ambitious look at how blockchain can reshape financial service,” Aug. 2016.
http://www3.weforum.org/docs/WEF_The_future_of_financial_infrastructure.pdf)

13 PwC「Technology Forecast:ブロックチェーンとスマートコントラクトオートメーション」2016年9月。
http://www.pwc.com/jp/ja/japan-knowledge/thoughtleadership/blockchain.html

"Top 100 Blockchain Organisations"
http://richtopia.com/top-lists/top-100-blockchain
"The Top 10 Blockchain Startups to Watch in 2016."
https://medium.com/the-intrepid-review/the-top-10-blockchain-startups-to-watch-in-2016-the-leaders-who-are-changing-the-game-6195606b0d70#.jgdi8ql5q
Blockchain Companies, Blockchain Startup and Company List
http://www.blockchaintechnologies.com/blockchain-companies
5 Bitcoin and Blockchain Startups to Watch in 2016
http://www.coindesk.com/5-bitcoin-blockchain-startups-watch-2016/

第１章　ブロックチェーン革命の到来

1　ドン・タプスコット、アレックス・タプスコット（勝木健太、高橋璃子訳）『ブロックチェーン・レボリューション―ビットコインを支える技術はどのようにビジネスと経済、そして世界を変えるのか』ダイヤモンド社、2016年。

2　Melanie Swan, *Blockchain: Blueprint for a New Economy,* Oreilly & Associates Inc, 2015.

3　William Mougayar, *The Business Blockchain: Promise, Practice, and Application of the Next Internet Technology,* Wiley, 2016.

4　馬淵邦美監修『ブロックチェーンの衝撃』日経BP社、2016年。

5　アンドレアス・M・アントノプロス（今井崇也、鳩貝淳一郎訳）『ビットコインとブロックチェーン：暗号通貨を支える技術』NTT出版、2016年。
Bitnodes https://bitnodes.21.co/

6　赤羽喜治、愛敬真生編集『ブロックチェーン　仕組みと理

参考文献

＊この参考文献リストには、2020年7月時点ではすでに閲覧できなくなっているものも含まれているが、本書の元となった単行本執筆時点での参照文献の記録として掲載する。

はじめに

1　Not Within a Thousand Years
http://www.wright-brothers.org/History_Wing/Wright_Story/Inventing_the_Airplane/Not_Within_A_Thousand_Years/Not_Within_A_Thousand_Years.htm

2　The Goldman Sachs Group, Inc. ,Goldman Sachs Global Investment Research, All About Bitcoin, March 11, 2014.
http://quibb.com/links/pdf-full-goldman-sachs-report-on-bitcoin/view

3　野口悠紀雄『仮想通貨革命』ダイヤモンド社、2014年。

序　章　ブロックチェーンが地殻変動を引き起こす

1　前掲『仮想通貨革命』第2章の4参照。

2　Ethereum、プロジェクト公式サイト
https://www.ethereum.org/

3　たとえば、つぎのようなものがある。

"Banking Is Only The Start: 20 Big Industries Where Blockchain Could Be Used."
https://www.cbinsights.com/blog/industries-disrupted-blockchain/

"How Blockchain Technology Is Disrupting Everything."
https://techdayhq.com/news/how-blockchain-technology-is-disrupting-everything

【わ 行】

【ま 行】

【や 行】

【ら 行】

【な　行】

【は　行】

【た 行】

【さ 行】

【か　行】

【あ 行】

索　引

【英数字】

本書は、２０１７年1月に日本経済新聞出版社から刊行された同書名の単行本をもとに、内容の一部について追加・割愛を行い、刊行したものです。

日経ビジネス人文庫

ブロックチェーン革命《かくめい》[新版《しんぱん》]
分散自律型社会《ぶんさんじりつがたしゃかい》の出現《しゅつげん》

2020年8月3日 第1刷発行

著者
野口悠紀雄
のぐち・ゆきお

発行者
白石 賢

発行
日経BP
日本経済新聞出版本部

発売
日経BPマーケティング
〒105-8308 東京都港区虎ノ門4-3-12

ブックデザイン
鈴木成一デザイン室

本文DTP
マーリンクレイン

印刷・製本
中央精版印刷

Printed in Japan ISBN978-4-532-19981-4